愛情社會學 3

學著，遇見愛

16個愛情經典故事，
16種對愛的選擇與解答

台大社會學系教授
暢銷華文兩性作者
孫中興／著

目錄

CONTENT

作者序

愛情恆久遠

我在台灣大學開設的「愛情社會學」三部曲──愛情社會學、愛情歷史社會學和愛情與社會理論──都先後錄製完畢，並且放上了台灣大學開放式課程網站上。首部曲的「愛情社會學」已經整理成《學著，好好愛》和《學著，好好分》兩本書先後出版。現在各位手中的這本是二部曲「愛情歷史社會學」的整理本。

「愛情歷史社會學」主要是講古今中外的愛情故事，我覺得很能讓學生受益。我的做法和一般有些不同：

首先是不用中╲西（外）的區分。不是將中國愛情故事和西洋愛情故事分開來講，而是以故事發生的先後順序來講，這是站在不分中西的「人類史」角度來看的，希望讓學生能了解人類愛情故事不分古今中外，有著某種程度的相似性。

其次，我所涵蓋的故事盡量多元，原課程除了一般理解的中西愛情故事之外，還收錄了日本的經典愛情故事《竹取物語》。我當初也希望能加入其他文明的愛情故事，無奈讀書太少，時間又不夠，只好等待將來有機會再補充。有些太過著名的故事，像《紅樓夢》，我因為學力不足，所以沒有討論。

第三，我儘量回到故事的原典，而不是利用一般刪減版本或青少年版，甚至不明出處的道聽塗說。對於原典、版本和譯本的堅持，是我的一貫治學態度。我也引用了很多原典的文本來彰顯這些故事本來的面貌，而不是經過出於各種原因而加工的版本。這些在原始講義中和現在的版本中都有明確的交代。如果您發現您知道的故事和我不一樣，請注意我使用的版本和譯本。

第四，我講述每個故事的用意，除了拓展自己和學生的知識、視野之外，也希望學生在碰到類似的愛情事件的轉折點上，可以考慮不同的選擇，這樣會產生不一樣的結果，千萬不必死跟著故事主人翁的做法。

我希望強調，我們比故事主人翁幸運，因為我們有選擇權。選擇固然帶來了不同的結果，也需要肩負不同的責任。我覺得這種責任感是愛情中，甚至人生中的重要元素，很需要學習。這是我在課堂上夾議夾敘的做法，也可以說是我將愛情社會學中的概念應用於理解這些愛情故事。

這次還是要感謝孟芳和傳欣幫忙，用課程的基礎辛苦地整理成現在這本書。書中使用幾個主題來重新排列其中一些故事，另外，為了配合這本書的主題，我還重新審視了兩個迪士尼故事：真人版的《美女與野獸》和《仙履奇緣》。再加上我最愛的，卻在課程中沒有分析的《傲慢與偏見》，這是書和課程最不一樣的地方。

這些愛情故事看起來是老掉牙的故事，可是仔細看看、想想我們身邊或是通俗文化中展現的各種愛情事件，不都還是這些故事主題的某種變奏形式嗎？我希望讀者都不要輕看這些故事，最好能從這些故事中學到一些人生的智慧，這樣我的課程或是這本書就真是功德無量了。

愛情恆久遠

智慧永流傳

祝福大家

台灣大學社會學系教授　孫中興

01 Learning

學習

「我們每個人都一直在尋求與自己相合的那一半。」

——阿里斯托芬／《饗宴》

愛不是與生俱來的本能

面對愛情的困惑，凡是人都會想要有個解答。但愛情真不是人類與生俱來的本能，就像我們在這一章後面要講的《愛經》所說，如果有誰不懂愛的技巧，那就請他來讀讀這部作品；意思就是告訴你：**愛是需要學習的**。

所以人們會從很多方面去尋求方法，比如通俗的兩性讀物、專業的心理生理知識書籍，或者從反省自己、觀察別人的經驗找答案，甚至跟朋友的聊天分享或是看以愛情為主題的影劇、故事都是。

在《學著，好好分》書中，我曾經提過，在心理學上大多認為「愛情是一種情緒」、是一種「心理狀態」，但社會學不太從這方向去思考。不是說愛情不是情緒，而是站在社會學的角度，比較重要的是：愛情是一種「社會行動」、「社會過程」以及「社會制度」這幾個面向。

而在本書，我們不再分析如何愛或者失去愛這個行為，而是要好好討論十六個愛情故事。這些故事都具備一定的代表性或是經典類型，我們會從故事的源頭、原點開始，討論故事角色與角色之間的社會關係，以及角色行為所反映出來的愛情意識，最重要的是：這些故事如何影響、形塑我們對愛的認識？

因此對於經典故事，除了「社會行動」、「社會過程」和「社會制度」之外，我們關注的又多了兩個面向：**人際**（故事的主角、配角，甚至跑龍套的）以及**意識形態**。

一、愛情是一種人際關係

愛情一定是一個人vs.另外一個人或物的，在古代的故事中還有跟鬼的呢！（就算是鬼，也是依照人類的想像去設定的）。比如我們常用鴛鴦什麼的比喻愛情，那也是投射人跟人的關係，不然人為什麼要羨慕鴛鴦？因為鴛鴦永遠是兩隻在一起，很像買一送一或第二件六折這樣。

希臘神話中有個人叫納西瑟斯（Narcissus），一看到自己的水中倒影以後就愛上自己，「自戀」Narcissism 這個英文單字就由這而來。愛情可能會讓人自戀不是假的，但是我們常常看到有人不停照鏡子、把自己打扮得漂漂亮亮的，那時候的你做這些事其實是為了別人、是從別人的眼光看自己，卻不只是你在看你自己啊！「自我」的形成是來自於你跟別人互動，看見別人對你的反應之後，你會「修正」自己，然後修正的你再跟別人互動，又開始一個永無止境、沒完沒了的過程。

所以你也不能說，啊，在外面跟人家談戀愛多辛苦，跟自己談戀愛好了！或是唉呦，今天好無聊講個笑話給自己聽吧！哈哈哈～～旁邊的人只會覺得你吃藥了沒？我一直強調談戀愛就是兩個人的事情，不要自己執著、自己很嗨，覺得自己真是可以上執著榜，只要對方不愛你，這個愛情根本就沒有開始！這世界上有很多事情是不能只有自己一個人做的，比如講笑話，比如談戀愛。

二、**愛情是一種意識形態**

現代人常常把愛情當成宗教，好像覺得沒有愛情是不行的。其實人不一定要談戀愛的，就像以前有人結婚也不是因為愛，結婚是結婚、戀愛是戀愛，這是兩回事，是到現代才變成一回事。古人都是相親就結婚了，皇帝有時候選妃還能看一下，一般人都是等到掀蓋頭才能看，可沒有七天鑑賞期啊！都是別人幫你看好的。因為那時候結婚不是為了你的情感呀，傳宗接代才是結婚的目的，因此結婚也就演變成經濟功能——這個女的可以幫你賺錢，那個女的可以幫你生小孩，你要是有錢有很多女人，就是每個女人都有不同的功能，雖然沒有什麼皇后、貴妃、答應這些頭銜位置的，但是想法是差不多的。

既然社會學考慮的是行動、過程、制度、人際跟意識形態，所以我們在看一個愛情故事時，不會只說：「這樣啊！好可憐喔！」不會是這種楚囚對泣的情況。這些經典的愛情故事之所以值得用一本書去分析、討論，不在於要追求什麼歷史真相，歷史有沒有真相不是目的，而是從中對愛情有自己的想法與啟發。

我希望大家要去了解去思考：故事發展到這地步，有沒有其他可能的轉折？要欣賞這些故事的重點，不在於過去的人怎麼樣，那不重要啊，那人都死了或者根本沒存在過，重點是你，是在於**現代的你可以怎麼樣？**

如果一個人對愛情的觀念、對克服愛情各種難題的方法沒改變，那很多時候我們也只是穿著現代衣服的古人。面對愛情，沒有看也沒有學，以為自己一上情場就能運用自如，或者期待媒體上的名人、團體聽到問題馬上就給一個答案，甚至你只想要一個答案，把那個答案當成萬靈丹，以為問題就可以解決了，這都是非常可怕的期待。

孔子說：「以不教民戰，是謂棄之。」你沒教他打仗，就把他送到戰場去，這不是要他去送死嗎？

關於愛的東、西論點

在我們開始討論這些經典故事之前，還是要先確認一件事：**愛是什麼？**這是一個永恆大哉問，之前出版的《學著，好好愛》有了詳細完整的分析，在這裡就不重複，我們談一下東西方對於愛的概念與差異。

中國古代對愛情的討論很少，甚至到清朝末年都還不太講愛，直到民國初年才開始討論愛情。以前的愛情故事也不稱為「愛情故事」，而是「情史」，跟現在說「那個人的情史很長」意義其實不一樣。

但「愛」這個字，如果就許慎《說文解字》的解釋：「愛，行兒也。」指的是走在一起的樣子，很像醬瓜廣告裡演的，夫妻倆走在一起。這大概跟前面說的一樣，古人結婚成家不是從談戀愛開始，也不是為了愛，就是兩個人一起生活過日子這樣，台語說的「鬥陣ㄟ」。

至於愛的英文「Love」，指涉的範圍就要更廣一些。根據研究西方愛情歷史的胡居蒙（**Denis de Rougemont**，一九七三）歸納，在西方文明史上，愛的定義可以分成五大類：

一、宇宙創生的原則，亦即上帝的本質。

在西方宗教有「神愛世人」的概念，你知道神愛世人，但沒有人說：神恨世人，也沒有人說：外星人愛世人，真的沒有。愛就是跟神話、宗教有關。

二、友情，對其他生物或其他人或其他具體事物的依附和渴望。

好比有時候你對朋友說：「欸，幫我去買個飲料。」你對他有依附、對飲料有渴望，也是一個愛的方式，也就是一般所說的「友情」。

三、情感的吸引力，一種使人「著魔」的生理、心理或神祕力量。

綜觀各個歷史，你會發現基本上談戀愛時都有一種著魔的狀態，不知道為什麼平常很鐵齒的人有一天忽然就變成那樣，再 man 的男人或者再 man 的女人談戀愛的時候也都變了，很奇怪。這個有經驗的人大概都知道，所以戀愛時，生理、心理上都有一個神祕的力量。

四、熱情的折磨，為了性愛或慾念所發明的東西和「變態」。

這一類是說看上一個人以後，朝思暮想，害了相思病，這還算正常。《詩經・關雎》就說到這種因為思念而輾轉反側的經驗，孔子認為這種思想是「無邪」的，畢竟還是「發乎情，止乎禮」；能將思念之情昇華一點的人，可能就會有文藝方面的創作。

有爭議的是有些人會發明情趣商品，而最low的人就用春藥或什麼「強姦藥丸」讓對方不能控制自己的行動，做出侵害的違法行為。這種行為主要是「暴力」，特別是沒尊重對方的自主意願，出事後又辯稱什麼自己多愛對方，用愛包裝，其實都只是想脫罪的藉口。

五、性關係，生殖的或是一般慾念。

兩個人情同意合了，難免會有肌膚之親。到了婚後階段更有符合社會期待「早生貴子」而發生的性行為，以履行傳宗接代的婚姻功能，這是愛情和性合而為一的情況。可是兩者互不相關的情況也很常見，在婚前或婚後都會有性行為發生，「小三」或「小王」這種稱號的出現，多少反映了這種常見的現象；要是發生在政商演藝名人身上，更是媒體爭相報導的八卦。所以，愛情和性的結合，除了「合意」（情），還要「合法」、「合理」。

這些都未必和「愛情」有關，有時當事人只願意懺悔自己是「一時糊塗」。當然更 low 的就是「撿屍」或「下藥」或「誘騙」而加諸對方的暴力行為。希臘神話中就有宙斯強暴天神和人間女子的故事，其中「強抱歐羅」還被畫成「名畫」，真是劣等行為，「由來已久，非一朝一夕之故」。

另外，現在也很常用到希臘文「Eros」這個字，是指愛或慾的意思。Eros 原來不是神的名字，但在赫西俄德（Hesiod）的《神譜》（Theogony）中，Eros 變成了四位主神之一，還有他怎麼出生的介紹。後來羅馬人把希臘人都改成羅馬名，所以 Eros 也就變成了阿摩爾（Amor）或丘比特（Cupido）。

而在西方，最早談論到愛情的代表作品之一，就是這本書接下來要介紹的《饗宴》（Symposium）。

古希臘哲學家的愛情全民開講——《饗宴》

《饗宴》是古希臘哲學家柏拉圖（Plato）大約在西元前三八〇年所寫的對話錄作品，內容主要在討論愛的本質。英文書名Symposium是來自希臘原文Συμπόσιου，台灣譯名則受到日譯本的影響，叫做「饗宴」，大陸多譯為「會飲篇」或「會飲」。從字面上來說，這本書就是大家一起喝酒閒聊的內容，不管是哪一個譯本，看完你都會覺得裡面每個人的形象栩栩如生、個性鮮明，也是這本書非常有趣的地方。

《饗宴》的故事一開始很簡單，一個叫阿波羅多洛斯（Apollodorus）的人，轉述了他從阿里司托得姆（Aristodemus）那裡聽來的，一場有關於愛情的宴會對話。當時參加宴會的人有斐德羅（Phaedrus）、鮑薩尼亞（Pausanias）、厄律克西馬庫（Eryximachus）、阿里斯托芬（Aristophanes）、阿伽松（Agathon）和蘇格拉底（Socrates）等六人。

雖然這些對話都是轉述而來的，聽起來很像某週刊，都是傳聞都是轉述，而且文章裡也說：「啊！有些事情告訴我的人已經記不清楚了。」但無關宏旨，《饗宴》整個故事還是非常有意思。

原本這一群人就是在宴會吃飯，但吃飯這一段很快地過去，接著一群人就在討論要不要喝酒或要幹嘛的。這時，有個叫厄律克西馬庫的醫生就跳出來建議，不如大家以談話來代替飲酒，更建議大家來頌讚愛神，因為那個時代連「鹽」都有人寫文章稱讚，卻沒有頌神的詩或讚美歌是獻給愛神的。提議獲得同意之後，大家就輪流開啟關於「愛」的話題。

後來有不少人認為倒數第二個發言的蘇格拉底，將「愛」導向對「美」的探討的言論，是整篇《饗宴》的最高潮。但我卻覺得蘇格拉底的觀點還是比較哲學了點，反倒是阿里斯托芬對於「另一伴」的奇想，才是文章真正高潮的地方，讓我們對於愛有了更多的想像。還有斐德羅提到的幸福泉源、愛情燈塔說、為愛勇戰的力量，也是值得深入探究的說法。

愛人還是被愛？

斐德羅是第一個被厄律克西馬庫點名起來頌讚愛神的人。「他一開始就提出這樣一些論證：愛是一位偉大的神，對諸神和人類都同樣神奇。」①然後他提到，「愛」是在大自然出現以後首先產生的東西。「對這位神的崇拜是最古老的，因為愛神沒有父母，任何散文、詩歌都沒提到過她的父母，而赫西奧德告訴我們，首先出現的是卡俄斯，然後『從卡俄斯產生寬胸脯的大地，她是所有一切事物永遠牢靠的根基，然後是愛……』」

在後面，斐德羅提到了幾個重點，他說：

①本章譯文皆引自《柏拉圖 會飲篇》，柏拉圖著，王曉朝譯，左岸文化，2007年。

「愛的古老是普世公認的，而且是人類一切最高幸福的源泉。就我個人來說，我說不出有什麼幸福能比得上做一個溫柔的有愛情的人，或者對有愛情的人來說，做被他所愛的青年。」

翻成白話文的話大概就是說，你要做一個去愛的人，還是一個被愛的人？斐德羅顯然認為，做個被愛的人比較幸福，但我不這樣覺得。我認為你要找到另外一個跟你差不多相愛的人，愛情是平等的，是互惠的，愛情是兩個人之間的。很多人會陶醉在自己或別人一個人不斷付出的情況，覺得好偉大喔，這是錯誤的觀點。**愛情不是一個人付出就偉大**，愛情，永遠不是一個人，必須兩個人同樣付出，也就是我的八字真言：「平等對待，共同奮鬥」。

斐德羅也說：「愛情像一座燈塔，指明人生的航程。」我覺得是一句講得很好的話，但這句話顯然違背很多人的想法，尤其在成長過程中，因為很多人認為愛情基本上只會引導你走到錯誤的方向。人不需要愛，只要知識、讀書、賺錢。當然這跟一個人的環境有關，如果你的生活環境一直很困頓，愛情當然不會是你的第一選項，好好賺大錢才是你的第一選項。

可是反過來說，你到便利商店可以買到一本類似《如何在三十歲以前賺到第一桶金》的書，會有書告訴你如何在幾歲以前談到第一次戀愛嗎？沒有，很多人覺得就算你三十歲還沒有戀愛也ＯＫ的，反正有錢就有愛，有錢就有對象，那你遇上的對象又是什麼？當你的錢沒了的時候，那個對象還在不在？你想要的是這樣的對象嗎？你可能要好好思考一下。

如果你沒有想到愛情需要平等對待、共同奮鬥，只是用一種很傳統、很物化的方式去尋找或想像自己的對象，我想在這個時代你碰到的釘子恐怕也很多，最後就變成釘子戶，什麼沒有、釘子最多，你要幾號釘子都有。

愛的力量與分量

接下來，他又說起愛的分量：

「我敢說，如果一個人有了愛情，那麼當他做了丟人的事，或者受旁人凌辱，在這個時候他會感到羞恥，但若是被父親、朋友或是其他人看見，那麼他會感到比較容易忍受。對被愛的人來說也是一樣，如果他丟人的事被愛他的人發現，那麼他會羞得無地自容。」

因此愛人的力量比親人、朋友或其他人都來得大，好比在刑案中，警方要攻破凶手或嫌疑犯的心房，都會找他最親愛的人來——所以如果攻不破，就表示那兩個人感情不怎麼樣——如果丟人的事被愛他的人發現，那他會羞得無地自容。

但有些人不是無地自容，而是滿口狡辯：「我真的不是那樣！我跟你說，真的不是那樣！你不要聽人家的，你一定要相信我！」這種最尷尬了，因為連你最愛的人或最愛你的人都不相信你的時候，這世界大概也不會有人相信你了。

在這一段，斐德羅要強調的是，愛人在所有親密人際關係之中是最重要的，因此才會產生羞恥。而他所描述的「愛」則是：對邪惡的輕視、對善的盡力仿效，基本上就是要朝向「好」的方向。

「有愛情的人要是想扔下武器，逃離戰場，都會害怕被他的情人看到，他寧可馬上死一千回，也不願意在情人面前丟醜。有愛情的人也不會眼見自己的情人陷入危險而不去營救，縱然是膽小鬼也會在愛情的激勵下變成一名勇士。」

「只有愛能使人為了挽救他人的性命而犧牲自己，不但是男人，而且女人也一樣。」

通常在戰爭的時候會出現為愛人犧牲生命的情況，但其實這在親子關係中也會見到，不需要上戰場；比如父母會進火場救小孩，包括動物也是這樣。但作為男女朋友，很多人卻是在最危難的時候，才發現對方不是真正的愛你。

也因此才會有人建議你可以設計一個局，來測試對方是不是真的愛你？這種建議其實有點殘忍，因為那畢竟是設計出來的騙局。有些比較 low 的人會去設計一個情境，好試驗男朋友或女朋友會不會嫉妒，會嫉妒就表示對方很愛你，不會就表示不愛你。

這真的是非常可怕的局，因為他萬一嫉妒過了頭把對方傷了或殺了，不是害到一個無辜的人嗎？這並非表示愛情經不起測試，而是把善良高尚的情操與付出拉低為測試與傷害，究竟刻意測驗你們的愛情到底能確認什麼？其他無關的人會不會被牽扯進來？到了現代還用這種方式表達愛，有時真的讓人不知該說什麼。

等愛，或者去愛

斐德羅講完後，接下來進入第二個人，就是鮑薩尼亞的言論。鮑薩尼亞跟現在做研究的人一樣，第一是先說明現象，第二就是分類，所以他就把愛神 Eros 做了分類，提出了兩種愛神——畢竟前面的人已經講成這樣，還能講什麼？只能講些前面沒講的：

「沒有愛，就不會有阿佛洛狄忒這樣的愛情女神。如果只有一位女神叫這個名字，那麼我們也可以假定只有一種愛。然而，事實上有兩位這樣的女神，因此愛也一定有兩種。我想，沒有人會否認叫這個名字的女神有兩位——年長的那一位不是從母親的子宮裡產出來的，而是來自蒼天本身，我們稱之為天上的阿佛洛狄忒；年輕的那一位是宙斯跟狄俄涅生的，我們稱之為地下的阿佛洛狄忒。由此可見，愛在這兩位女神的陪伴下才起作用，因此愛也應該有天上的愛和地下的愛。」

鮑薩尼亞對於愛的言論非常長，我整理成下方這個表格：

鮑薩尼亞的愛神分類

天上的阿佛洛狄忒 （Heavenly Aphrodite）	地下的阿佛洛狄忒 （Vulgar Aphrodite）
一位父親是烏拉諾斯（Uranus）卻沒有母親的女兒，較為年長，叫做Ourania，指天上的（Heavenly）。	一位是宙斯（Zeus）和狄俄涅（Dione）的女兒，較為年輕，叫Pandemus，指的是通俗的（Popular）或庸俗的（Vulgar）。
被這種愛激勵的人：限男性和長鬍鬚的男孩（非幼童），不包括女性。	被這種愛激勵的人：男人和女人、男人和男童。
靈魂的愛	肉體的愛（世俗的愛）
愛強壯、有智慧的人	愛最愚蠢的人
愛美	只顧行動不顧美

如果就鮑薩亞尼所言，地下的阿佛洛狄忒是發生在男人跟女人之間的，似乎在他看來，男人跟女人之間的愛情不是什麼太高尚的東西；畢竟 Vulgar 意思是世俗的、通俗的。

所以這些吃飽了撐著的希臘人對那種夫妻之間、肉體的愛沒什麼好說的，就像蘇格拉底也不太常提太太的事情。據說蘇格拉底的太太出了名地凶悍，我年輕的時候在威爾．杜蘭（Will Durant）的《西洋哲學史話》（The Story of Philosophy，協志版）也看到一段故事：蘇格拉底有一天被太太痛罵一頓，他太太餘怒未消，結果蘇格拉底還沒走到門口，就從樓上潑出一盆水來。被潑的蘇格拉底就非常幽默地說：「唉呀！雷聲之後必有大雨。」

我年輕時覺得蘇格拉底酷到不行，完全沒有領悟：你讓太太那麼生氣幹什麼？誰引起的雷聲呀?!你幹嘛不能跟她好好講，在全雅典的街頭都講了卻不跟太太講，不覺得這有問題嗎？不跟親愛的太太溝通，然後說雷聲之後必有大雨，我覺得蘇格拉底的兩性智慧恐怕也不怎樣。

另外，雖然這裡提到「愛」有兩種類型：肉體的愛、靈魂的愛，但如果你真的想研究愛情，肉體的愛要學一學，還要發展多一點靈魂的愛。不過無論是愛強壯、有智慧的人或者愛愚蠢的人，都不是正途，兩個都是極端，你應該愛一個在重要價值上跟自己相仿的人，不然是沒有意義的啦！

接下來，鮑薩尼亞還有一段關於明愛與暗愛、美德與相貌的論述。

「我們公認暗愛不如明愛，尤其是在被愛對象有著高尚的美德，但相貌卻不出眾時更是如此。」

首先，暗愛就是偷偷愛他。很多人會自卑，覺得我喜歡他，但對方不會喜歡我，所以我就默默守護他一生。如果是這樣，那六分鐘就可以了，六分鐘就護一生了。幹嘛要默默的呢？這種都是很自卑、自虐的愛情心態，覺得我愛他不需要他回報。即使是現在也常聽到男生跟我說：「我喜歡的女生太受歡迎了，但她大概不會喜歡我，所以我就默默在旁邊守著她，等大家都不要她的時候，她就知道我是真正愛她的人。」同學，不會有大家都不愛她的時候，這是不可能的。你等什麼呢？等公車嗎？有的公車都會停開了好嗎？

暗愛真的不如明愛，你不如講出來，頂多就是講完以後馬上失戀，伸頭一刀縮頭也是一刀，對不對？喜歡一個人的狀態，大家都有過，如果你卡在這裡，認為只要我愛他愛久一點他就會愛我，希望有一天自己默默努力會得到對方的肯定，那你要等多久？等待需要很大的勇氣，但會比直接告白需要的勇氣來得大嗎？

有的人或許覺得，等待的時間不論多久都是一場煎熬，都是一項極大的考驗，如果等待的結果是美好的，這個過程就算再苦澀也令人回味；要是結果並非如自己預期，或者等了好幾年之後，才發現自己等的不是原本心中的那個人，這段歷程也能成為人生的一部分。心中有那麼一點希望，就有繼續等待的動力，隨時充滿希望是能讓人快樂的……如果你相信或抱持這種想法，都是自虐的傾向！

等待是沒有希望，真正去做才是有希望。因為「等待」是所有的希望都在對方的手裡，真正去做，所有的努力在你自己手裡，這才叫希望。既然要在這世上活一生，不如主動一點去掌握自己所愛的東西。

再來，一個人美貌不出眾但有高尚的品德，這種情況在《論語》也早就說過了：「賢賢易色。」不要只看人家漂亮，還要注意個性、品行。美貌是誰都一眼可以看得出來的，你只要眼睛沒瞎掉應該都看得出來。但美貌是會改變的，你現在覺得漂亮的人到了某個階段又會覺得不過爾爾，或是到了某個年紀以後，又忽然能感受到真正的美。

而且人是會變的，我們都不是我們以前長的那樣，也不用跑去做醫美、打肉毒桿菌雷射什麼的，你不上電視不需要做這種事，甚至上電視也不需要做這種事。我覺得一個人的長相擁有辨識度非常重要，不要去整得跟其他人一模一樣，如果每個人都長很像、像互相複製再生的，你覺得那樣很酷嗎？

每個人都是不完整的圓

現在來說說我認為整個《饗宴》最高潮的部分，也就是喜劇作家阿里斯托芬提的論點。他說，人在原初是球形的——你看這傢伙想像力真豐富呀，前面的人都講得那麼正經。

「最初的人是球形的，有著圓圓的背和兩側，有四條胳膊和四條腿，有兩張一模一樣的臉孔，圓圓的脖子上頂著一個圓圓的頭，兩張臉分別朝著前後不同的方向，還有四個耳朵，一對生殖器，其他身體各組成部分的數目也都加倍。他們直著身子行走，就像我們現在一樣，但可以任意向前或向後行走，等到要快跑的時候，他們就像車輪一樣向前翻滾。如果把手也算在內，他們實際上有八條腿，可想而知，他們能滾得非常快。」

你不覺得這個很神奇嗎？到目前為止，大概只有阿里斯托芬的話會讓你記憶深刻。前面那幾個人不管講什麼，可能都是你很快就忘掉的東西，但他講得實在太傳神了，什麼八條腿、滾得非常快，會讓你不禁想像具體的形象，簡直像看動漫一樣生動。

阿里斯托芬還說人在最初具有三種性別：男人、女人以及陰陽人

（hermaphrodite），分別是太陽生的、大地生的，跟具有兩種性別特徵的月亮生的。這看起來很像胡扯的，太陽怎麼可能生出人類呢？生出來的人一定是very hot，對不對？

後來，人類想要飛上天界，造諸神的反，以至於眾神就來研擬要怎麼樣懲罰人類的蠻橫無理。宙斯想出一個辦法：把人劈成兩半！再吩咐阿波羅把人的臉孔轉過來，讓他能用被切開一半的脖子低下頭，看到自己被切開的身體，發現自己只剩下一半。

神的目的是要讓人感到恐懼，要懲罰人的造反，不讓人平起平坐。然後再讓阿波羅把他們的傷口都治好，把皮膚拉到中間、打結，因此形成了肚臍眼的由來，也用來提醒人類這件很久以前的事。所以你下次洗澡的時候看到自己的肚臍眼，就要知道有這麼一則故事。

「那些被劈成兩半的人都非常想念自己的另一半，他們奔跑著來到一起，互相用胳膊摟著對方的脖子，不肯分開。他們什麼都不想吃，也什麼都不想做，因為他們不願意離開自己的另一半。時間一長，他們開始死於飢餓和虛脫。」

「幸運的是，宙斯起了憐憫心。他想了一個新辦法，把人的生殖器移到前面，使人可以通過男女交媾來繁殖……」

在這裡，阿里斯托芬講了一句話，打動了世上無數人的心：**「我們每個人都一直在尋求與自己相合的那一半。」**所以當你在追求一個人、找到那個人之後，常常會說「這是我的另一半」，就是這麼來的，也是英文講的 better half，比較好的那一半，要捧一下對方，不然比較好的那一半幹嘛跟你這比較差的另一半在一起？

阿里斯托芬還說：「我們本來是完整的，而我們現在正在企盼和追隨這種原初的完整性，這就是所謂的愛情。」

這個「完整的愛情」概念，現在被很多人拿來比喻、延伸，因此你常會覺得沒有愛情、找不到另一半，就不是一個完整的人。過去也有外國的媒體研究過什麼話語會打動女性，結果發現「You complete my life」這句話很有效，對女性來講很管用，還有「You are my soulmate」也在前五名。

不過這在談戀愛的時候沒問題，但等到失戀的時候，問題就非常大。因為你會覺得自己是一個不完整的人，你失去他，你的生命就失去了一半以上的意義，甚至感覺完全沒有意義。

有人會說，沒有他我活不下去，因為我已經不是完整的人。但失去的利弊得失很難看得出來，這世界是黑中有白、白中有黑，陰中有陽、陽中有陰，禍福相倚，真的不要把一件事情看得太過絕對。

失戀有的時候也是一種祝福，有些不適合的對象，你早一點跟他分手，那真的是你的幸福，即使當下非常痛苦。所以你要是卡在「不是一個完整的人」這種想法上，只是讓自己更痛苦。

我認為，你始終是一個完整的人。一段關係是有三個東西存在的：你、他以及你們，你跟他是兩個個別完整的人，只是現在的關係斷裂了。要走出來很痛苦困難，但你是一個新的你，他也是一個新的他，千萬不要認為自己變成一個不完整的人，因為未來還有很多可能與選項啊！

男人必讀的「遊戲愛」教戰手冊——《愛經》

在《學著，好好愛》這本書中，我們提到一位學者李約翰（John Alan Lee），以及他在一九七〇年代提出的「愛情的顏色理論」（Color theory）。他認為愛情跟顏色中的紅、藍、黃三原色可以相互類比，愛情的風格也和原色一樣，可以分為三種：肉體愛（Eros）、同伴愛（Storge）、遊戲愛（Ludos）。

遊戲愛顧名思義是「玩耍」或「遊戲」的意思，而遊戲愛的典型，在小說、戲劇裡面也常常可以見到（而且通常很受歡迎），像是接下來要介紹奧維德（Ovid）的《愛經》（Artis Amatoriae，又譯為《愛的藝術》），就是遊戲愛的經典之一。

這是一本有點心術不正的書，又是以男人的角度出發，最早的花花公子大概都是從《愛經》學到如何把妹的技巧，因此可以說它是一本寫給男人看的「遊戲愛」教戰手冊。

《愛經》的訴求很明確，從擬定計畫、如何贏得芳心，到外遇被抓包時要用什麼說詞，講得真是鉅細靡遺。所以很多人會被這種步驟化的方式影響，總是希望在學習愛或追求對象時，直接有個專家或團體告訴你：好，這裡有三個或五個步驟，你就這樣做！只想知道所謂的SOP，以為只要技巧對了就無往不利。

但如果愛情是這麼簡單，為什麼還會有這麼多人失敗？

我們要討論《愛經》這本書絕不是為了學會技巧，或是把男人女人概化成一種樣貌，而是看見書裡提出的情境，注意到某些問題，開始思考、想辦法解決這個問題，不要完全把內容當成答案去解決自己的問題。很多愛情的問題並非得到一個解答就豁然開朗或忽然解決，這其實是很多人的誤解。你真正需要的是自己思考去尋找出來的答案。

愛的計畫三部曲

「如果我們國人中有誰不懂愛的技巧，那就請他來讀讀這部詩作吧；讀後受到啟發，他便會去愛了。憑著技巧揚帆蕩槳，使船兒高速航行；憑著技巧駕馭，使車兒輕快前進。愛神也應該受技巧的支配。」②

在《愛經》的一開始，奧維德就告訴男人要有計畫，就像《孫子兵法》告訴你打仗要有計畫，戀愛也是一樣。

「你呀，第一次迎接戰鬥的新兵，首先，請著意找好你愛的對象；然後，努力去打動你所喜歡的少女的芳心；最後，讓那份愛情長久維持下去。」

所以，愛的計畫有三個程序：

一、找好你愛的對象

二、努力打動她

三、讓那份愛情長久維持下去

「當你毫無羈絆、隨意去哪裡就去哪裡的時候，請選擇一個你可以這樣跟她說的人兒：『你是我唯一的歡樂。』她不會透過捉摸不定的空氣從天上掉下來，你應當尋找自己心目中的女子。」

「你要尋找恆久的愛情對象，就得首先知道在什麼地方會遇上眾多的年輕姑娘。」

「而尤其是請在劇場的階梯座位中去獵取，那兒會給你提供你意想不到的機會。你在那裡會找到你所愛的人兒，能與其調情的女子，一日之交的對象，長久相伴的愛人。」

首先，奧維德建議要往人多的地方去，他預設的是人多的地方總會有心目中的女性出現。其實古今中外都一樣，你要怎麼找到對象？首先就是先出門去呀，不要

②本章譯文引自《愛經：戀情集、愛的技巧、情傷良方》，奧維德著，黃建華和黃迅余合譯，百花文藝，1998年。

一天到晚蹲在家裡，何況現在還有很多交友網站，上網交友也是一種辦法，你真的不一定要像奧維德那個時代，很辛苦，還得出門去市集廣場、劇院、競技場才遇得到。總之你的對象不會從天上掉下來的。連《詩經》也老早就告訴你：「出其東門，美女如雲。」要是以現代來說，大概就是百貨公司週年慶的時候，保證你有看不完的人。

再來，尋找自己心目中的女性。你到底要愛什麼樣的人？有沒有一個想法？這是愛情中常見的迷思，因為我們會被從小到大接受的通俗文化影響，在腦海中塑造一個理想形象，但這形象是依靠幾個條件拼湊出來的，比如長頭髮、身高一百八十公分以上，或者認為女生要乖乖的、講話細聲細氣等等，由此認定我們要喜歡什麼樣的人，條件很硬不能更改或者根本找不到，卻不知道自己到底想要愛一個怎樣的對象。

然後，你要找的是能調情的女子、一日之交的對象，以及長久相伴的愛人？最重要的是弄清楚自己要找的對象是哪一種，而且《愛經》中的愛情類型雖然是遊戲愛傾向，奧維德還是告訴你要找對象不是朝三慕四、換來換去的。

「婦女們也一樣，個個濃妝豔抹、花枝招展，都擁向民眾群集的戲場。她們人數眾多，常常令我選擇為難。她們為了看戲而到此地，她們到此地也是為了給人家看的。對於貞節的羞恥觀念，這是個危險的地方。」

奧維德在這裡不僅鼓勵男人想像女人也跟他們一樣需要對象，甚至說到競技場：「你就坐到你所喜歡的她的身旁吧，誰也不來阻止你的；靠近她，貼得越近越好。無論她樂意與否，地方所限，令人不得不相互緊靠。正是這樣的位置安排使那美人兒只好任你觸碰。」

然後他又說：「如果偶然有一點塵埃落到你那美人兒的胸前，你便用手指輕輕地拂掉它。」

這種事或許在奧維德的時代還行得通，但如果你現在這樣做的話，馬上就會進入性騷擾的司法程序，千萬不要做這種事——我再強調三次，不要做、不要做、不要做！奧維德建議的這些事都是非常危險的，根本是教人做壞事。不要被告了、被關了，才要找奧維德算帳。他已經死了很久了！

有些理論認為，能表現男子氣概的場合常常可以吸引女性的注意，因此在一九七四年，加拿大的心理學家達頓（D. G. Dutton）與艾倫（A. P. Aron）做了一個著名的「吊橋實驗」。

他們請一位女研究員站在終點，讓幾個男性受試者分別走過一條平穩的橋跟一條搖晃的吊橋，並收到女研究員提供的電話（可以電話聯絡她詢問研究結果）。實驗結果呈現走過搖晃吊橋的人，比較容易因刺激而產生情緒。

坦白講，雖然吊橋實驗在戀愛心理學上相當有名（又稱為「吊橋效應」），但這個實驗做得滿差的，只能證實走過吊橋會讓人類的情緒、生理比較有起伏；但心跳加速就等於感情嗎？這種狀態可以持續多久？有時候，心動只是一場誤會吧！

不過吊橋實驗還是有抓到一些重點啦，就是為什麼聯誼活動通常要辦在戶外，然後要有一點刺激性？因為刺激性可以增加情緒的轉移，比如聯誼去爬山，女生忽然間體力不支，男生過來扶一下，兩人光明正大有點接觸然後就會產生好感，因為你覺得好累而他好殷勤，你平常不吃的泡麵可能那時候都是美味。總之需要一個稍微有點困難度的活動，你會認為有機會看到對方的各個方面，要不然參加那種什麼都安排得很好很妥當的行程，那出門跟沒出門一樣啊。

談戀愛對某些人來說，就跟奧維德、《孫子兵法》的概念一樣，你要計畫會贏，打這場仗才是有意義的。但這是很世俗的觀點——我要是喜歡一個人，最後他也喜歡我，這才是所謂的「成功」。我一直不這麼想，假如這樣才是成功，那成功的人真的也不太多。

我認為只要你發現自己真心地喜歡一個人，勇敢地表達自己的感情，如果對方接受，你就能跟他在一起；如果不接受，你也勇敢面對這個殘酷的事實，我覺得這才叫「成功」！作為一個人，勇敢地表達自己的想法，沒有欺騙，這是愛情關係中比較重要的一件事。

何況，即使是《愛經》步驟這麼詳細的一本書，也沒有提到你找到喜歡的對象，但對方不喜歡你，怎麼辦？我想這也是值得我們深思的部分。

愛情恆久遠，需要小技巧

除了要去哪裡才能遇到對象以外，愛情要成功，很重要的一個關鍵是要找到可以幫你疏通、傳遞訊息的人。

「按照奴婢的等級，爭取她們，贏得她們的照應，不要以此為恥；也不要以為爭取奴隸就不光彩……相信我吧，讓這些小人物都為你的利益著想。尤其不要忘記那守門人，也不要忽視給臥房看門的奴僕。」

在很多愛情故事裡面，奴僕發揮了很大的作用，就像《西廂記》裡的紅娘、《白蛇傳》的青蛇。以現代社會來說，你大概會遇到的就是對方的朋友。所以有些人採取政治上所謂的「地方包圍中央」，先把他的朋友打通了，他的朋友就會幫你說好話，你的追求就會事半功倍。

如果你把愛情當成一個故事，那麼總有一些看起來不是主角，但會在故事中產生關鍵作用的人；有時你從另外一個角度去看，這些人就是所謂的「貴人」。當然，如果你過河拆橋，可能對方會認為自己當初不是「媒人」而只是「工具人」。這樣做是不是有點忘恩負義呢？

另外還有一個訣竅就是送禮物。從古到今，送禮都是一門重要藝術。所以奧維德說：「我不要你向情人贈送貴重禮品，禮輕也無妨，只要精選，而且送得巧妙。」真的就是那句老話：「送禮送到心坎裡。」

有些人是真的會認真注意你喜歡什麼，然後送你喜歡的東西；有些人則是送他自己喜歡的東西，那個禮物完全跟你無關。因此送禮物給一個人表達心意，真的不在於禮，在於你的心意。只是有時候我們也發現不了自己的心，就更不知道自己的心意是什麼了。

但是送禮物還不夠喔，你更要說她們的好話，表達對她們的忠誠，甚至設法掩飾自己不忠的行為。

怎麼掩飾呢？

「你儘管尋歡吧，但要小心謹慎，好好地把你的過錯掩飾起來。可不要為了虛榮心而把你的罪過行為誇耀出去。別把一件他人可以認出來的禮物送給你的情人。別固定你的幽會時間。如果你不想自己的妻子在她熟悉的隱蔽住處把你捉住，你就不要總是去同一個地方相會。」

然後每次寫信時，都得先仔細、親自檢查書板——那時候沒有紙——許多女人讀出來的東西比人家寫得要多，會讀出字裡行間的意思。這些就是奧維德的提醒。這不是教人做壞事嗎？萬一壞事被察覺了怎麼辦？你看，他也有辦法教你，這個人真是周到呀！

「你的行為雖然隱蔽得很好，但假如一旦顯露出來，或者已經被發覺，那你就必須否認到底。不要顯得比平時溫順和體貼，這是心中有愧的明顯表示。可別吝惜你的力氣，只有這樣才能平靜下來：你該通過床上的功夫證明你以前不曾嘗過愛的歡愉。」

因此你的另一半最近對你特別好，但不是生日也不是過節，就會懷疑他是不是做了什麼對不起你的事情，這叫做彌補作用。就像要看一個人有沒有經濟犯罪就是他是不是忽然變大方了啊？有沒有跑去旅行、買房子啊？出現一些跟過去消費行為不一樣的事；態度變好也是，這是心中有愧的明顯表示——你看奧維德講得斬釘截鐵的，但其實這是五十五十的機率啦，不能當成絕對。

愛情是說得容易做到很難

不僅如此，奧維德也教你要適時引發愛人的嫉妒，這樣才會讓對方不斷地愛你。這是所謂的技巧問題。

「有些女子，你對她們謙卑順從，無濟於事；如果沒有任何情敵，她們的情愛便會減弱下來。」

「當心靈因感到安全而鬆懈麻木的時候，就該用尖銳的刺激喚醒愛情。請設法讓你的情人為你而感到心緒不安，重新燃起她內心逐漸冷卻的焰火；讓她知道你的負心而驚恐失色。」

他說「有些女子」，所以不要忘了是「有一些」，重點在於哪一些是、哪一些不是？很多人會把「有一些」當成「所有」都這樣，於是困擾就在於太容易把男人、女人當成一體看待，好像所有男人都這樣、所有女人都這樣！要是這麼想真的是無濟於事。

而用情敵喚醒愛情的目的，就是要讓對方產生戰戰兢兢、危機不安的心理，這是奧維德的論點。古代女子大概沒有別的路，受到這種刺激只能期待情人或丈夫回心轉意，採取原諒政策。不過現在很多女性已經是零容忍政策，所以奧維德講的這種技巧，請你好好考慮清楚吧！

既然講到情敵出現了，那要怎麼面對呢？在此他建議了幾個面對情敵時的行動，包括：

「耐心地忍受情敵，勝利將會屬於你。」

沒有說要把情敵幹掉，或是建議你去個找沒情敵的對象，畢竟你會喜歡的人通常有他的特質，因此通常別人也會喜歡他——如果你喜歡的是大眾都會喜歡的，那你情敵就更多了。

「我的《技巧》不可能提供更重要的東西。女友向你的情敵做眉眼？請忍受著。她寫信給他？別去碰書板。她願意從哪裡來就讓她從哪裡來；她喜歡去什麼地方就讓她去。這種曲意逢迎，一些丈夫對自己的合法妻子都這樣做了，尤其是進入溫柔夢鄉的時候。我承認，這方面的技巧，我並不完善。有什麼辦法呢？我自己就達不到本人的要求。」

你看，他都說很難了，就連他自己也很難做到忍受。很多事就是知易行難，講都很容易，等你們哪天有機會訓誡別人的時候，你就會發現這都是台語說的「剩一張嘴啦」！

「但最好還是裝聾作啞，讓她把自己的變心隱藏起來；別迫使她裝模作樣，以掩飾自己的臉紅。年輕的人們哪，這也是不必去揭穿你們的情人的理由。就讓她們欺騙你們好了，讓她們欺騙你們的時候，還以為你們是受她們的話蒙蔽的。揭穿一對情人，反而令他們愛得愈深。他們倆一旦慢戚與共，就會導致他們在失足的方面堅持下去。」

「不要在情敵的周圍布網，不要截查偷寫的情書。」

其實翻來覆去都是告訴你：要忍、裝不知道。總之看看就好。

男人與女人到底差在哪裡？

《愛經》前面都是在教男人怎麼樣去博取愛情，到了後面，奧維德也教女人要怎樣取得男人的愛。

他提到了男女的愛情差異以及容貌的重要：

「女人不懂得躲避愛火和愛神的殘忍利箭。我注意到這種利器在男人的身上造成的傷害較淺。男子常常薄情，而柔弱的女子，負心的不多。」

「美貌是神祇的賜予，不過，可將美貌引以為驕傲的人能有幾個！你們大部分的人都未能得到神祇的賜贈。細心的修飾，會給你美麗的顏容。」

演化心理學曾解釋過為什麼女人比較專情，或男人比較多情或薄情。男人的多情或薄情，是因為要保障自己的後代擁有更多的存活機率，所以他要到處撒種。而女人比較專情則是生理關係，畢竟女人一年只能生一個小孩，更不是年年都能生，還要有個間隔。為了保障自己後代的最大存活，當然要找個男人或雄性，從基因、權力、物質、利益等各方面優勢來依靠。

就此而言，男人通常要有「才」：「才能」與「財力」，而女人要有美貌，因此美貌就變得非常重要，歷來便成為女人最大的武器。女人為什麼要花時間去裝扮自己？這是有演化的因素，也是演化心理學上的解釋。當然也有人對此不以為然，像我個人就是，因為這是一種目的論的解釋，根據現狀去找解釋，並不表示這就是真相。

恐龍在滅絕之前，演化的目的是什麼？難道是被人類取代或被滅絕嗎？如果人類演化目的真的是保障存活機率，為什麼我們總會發明一些可能讓生命或物種完全絕跡的東西？那人類的演化策略又在哪裡？所以演化可能是一個論點，但真相如何，誰知道？

而且就像之前討論過的，「美」有多重要？到底是什麼樣的美才是真的美？有些我們覺得很美的人，有的人並不覺得美啊，因此「美」顯然沒有普世標準。何況在東西方不同的故事中，比如特洛伊戰爭，比如吳三桂與陳圓圓，比如周幽王與褒姒，都喜歡把戰爭歸因於跟女人有關。美貌看起來很重要卻又是導致戰爭的原因，男人是不是很矛盾？沒辦法保家衛國就找這種藉口，那拯救人類的最後希望只能靠女性同胞了。

還有，如果你以為越美的人得到幸福或找到伴侶的機會比較大，不美的人機率比較低，那你應該去看看結婚的夫妻是長什麼樣——長什麼樣的都有啦！很多同學坦白跟我說：「老師，我是外貌協會的人，請問我該怎麼辦？」如果你是外貌協會，那你趕快放下這本書，因為對你一點幫助都沒有。你已經知道自己的目標方向，我只能建議你去整形外科、醫美診所走走。我是覺得長得有辨識度比較重要，至少你喜歡的人認得出你是誰。

表達愛意與愛火常燃

除此之外，奧維德還提到了寫情書的方法，畢竟在古希臘時代也只能靠情書表達愛意。

「寫在松木板上的字兒是來探測虛實的：機靈的侍女接過了書簡。你得仔細讀讀。從字裡行間你準可以辨出，所表達的意願是否誠實無欺，是否出自愛戀的心。」

他太樂觀了，很多人很容易被情書或文字所騙。你怎麼知道情書裡的內容表達的是一個人真正的意思呢？奧維德也不知道未來有《情書大全》這種東西。

然後，回信給愛人時還要拖延一下時間。

「拖延一下時間才寫回信。等待素來是刺激戀情的，等待的時間不要過長就好。對求愛者的要求不要輕易答應，可是也不要回絕得太粗暴。要做到令他放不下心，同時又保持希望。」

唉呀，現在這種Email、Line、微信的即時通訊時代，哪裡還有「等待」？都希望馬上回覆。拖延一下時間再回覆是以前的訣竅，何況Line還會顯示「已讀」，如果看到「已讀不回」，很多人就要吵起來了。

人類發明這些即時通訊的目的，在於大家都希望馬上知道別人的想法。但現代人的快速回覆相對而言比較沒經過大腦，很多是鄉民言論，或是情緒性的話比較多。這樣真的對感情有幫助，或者又造成了其他的變化？

最後，他講到如何讓愛情長久？這也是人類到現在都很煩惱的問題。

「無論我們的愛火燒得如何不旺，嫉妒之心會叫它重燃起來。我嘛，我得承認，我去愛，是因為受到了傷害。」

奧維德一直在強調「嫉妒」的功能，用嫉妒刺激愛情、維持愛情，或者試探對方的感情。這一點到現在還是有很多人深信不疑啊，但我不相信，因為嫉妒跟試探的可能傷害很大，有時候會把一段關係徹底搞垮。

許多我們熟悉的愛情故事都是試探類型，尤其是好萊塢的浪漫愛情電影，看起來似乎很浪漫曲折，但如果你會想試探一下對方的心意有多深，或測試對方會不會離開自己，我覺得你倒是應該要好好想想：為什麼要試探一個人？你試探對方，對方是不是也可以試探你？萬一在試探過程中發生了什麼事，誰要負責？

愛是要讓我們成為更好的人

在這一章節，透過柏拉圖跟奧維德，我們可以發現其實無論是東方或西方，前人思考的問題大概都差不多，答案也都差不多，表達方式略有不同，但是對愛情的追求與摸索從古至今都是一樣的。

以前學生會跑來跟我說：「老師，他發我好人卡！」這個時代最大的感情問題之一，就是收到好人卡讓人很難接受。但「好人」是什麼壞事？難道你有愛情然後要進監牢嗎？

如果失戀了，你也可以做個好人啊，失戀有什麼關係？就像《饗宴》說的，愛情追求的是一個「善」；沒有愛情，我們還是要做一個好人，這是很高的價值。愛絕對是為了讓你變得更好。

你不要因為失戀了就想當壞人，那麼愛讓人提升的力量就沒了，你談戀愛幹什麼？也不要聽人家說「男人不壞女人不愛」這種話，如果這是真理，那最受歡迎的男人應該在台北看守所，然後看守所門口整天都有女人排隊。

愛情需要學習、值得追求，但不談戀愛也可以。我常常說：愛情是需要兩個人，但是這並非要你致力於「尋找自己相合的另一半」，因為那表示自己不是一個自足的人，你不是一個 self-sufficient entity，必須依靠另外一個人。但我們大部分的人其實是自給自足的。**戀愛不是為了讓你變得圓滿**，如果你覺得自己有個缺口，去找到一個對象，然後他嵌在自己的缺口裡，其實他會非常地不自由，而你也不自由，你的圓就不是一個圓。

我比較喜歡把自己想像成鑽石，鑽石有很多個切面，你跟對方的最大切面能夠互相輝映是最重要的，最小的切面就不那麼重要。

如果你能以這個角度來看，那你是個獨立個體，他也是獨立的個體，你們就有平等對待、共同奮鬥的可能了。

02 Rapport

磨合

「戀人開始懷疑他自己憧憬的幸福，
他要求對自己滿懷希望的理由進行嚴格的檢查。」

——司湯達／《論愛情》

愛是一段共同成長的長途旅行

關於愛，我們已經在上一章討論過它是什麼，包括東西方的看法，也對愛情社會學的老朋友史登堡（Robert Sternberg）的「愛情三角理論」，以及李約翰的「愛情的顏色理論」很熟悉了。因此當你找到愛，跟另一個人開始進入戀人關係之後，社會學視角的「關係」又是由哪些元素所組成的？

一、性

在現代，性是一個重要問題，但在古代，性從來就不是一個太重要的事，性主要是為了傳宗接代，不是為了歡愉。尤其夫妻之間的性完全不是為了歡愉，娶大老婆的目的是為了傳宗接代，找小老婆才可能是為了歡愉。但人類社會發展到今天，性的分量與地位也轉變了，雖然目前也有無性婚姻或關係，不過對大部分的關係而言，性仍然是維持關係的重要元素之一。

二、情或情感

在一段關係穩定或持續長久之後，很多人會說，喔我跟他已經沒有特別的感情了，我看他就像家人。這種想法有個很大的盲點，家人是怎麼樣不好？家人也有兩種，一種是沒有感情的家人，沒有互相聞問、不管你死我活；但也有的家人是感情很好，你不管多晚回家都有人等著，是那種讓你有安全感的家人，那你們的關係是屬於那一種呢？

另外一個也常常聽到的說法是：「老師，他把我當空氣。」空氣、陽光跟水是維持生命的重要東西，他把你當空氣也可以表示你很重要啊！「老師，不是，他根本就不在乎我！」不在乎你怎麼會把你當空氣呢？應該是把你當一氧化碳吧！

三、義

要是沒感情的時候，就只剩下義嘛！很常見的一種情況是有些男生跟女友沒什麼感情了，就認為：分手這種事情應該男人提出來，既然已經沒有感情了，那我是男人就由我來承擔好了，所有的錯都我的錯！這時簡直應該要有個磅礡的音樂搭配這種虛假的英雄主義。

所以有人就會問啦，不然該怎麼辦？我覺得是誰沒感情誰就提出來，也可以先討論一下嘛！你發現自己沒感情，他也覺得沒感情了，那要不要補救？如果願意補救，那你還有希望，還有 Round 2，然後看看究竟會怎麼樣。如果大家都不願意補救，那就好來好去、共同結束，這也是一種做法。

四、財

金錢有時也是一段關係的維持元素。比如有人覺得付出金錢幫助你解決難題，用幫助、用錢財的方式可以買到你的心，我用錢幫你解決問題，你用感情回報我。但這是不平等的關係。也有很多人的情況是「我只有借錢或金援他，他才會愛我」，覺得因為自己有錢，對方才可能愛你，於是用錢當作繩子來綁住他，結果最後卻被他逃走了，人財兩空。

五、力

這個「力」指的是權力，power。其實談戀愛很多時候是在玩一種權力遊戲，power game，比如情侶之間很愛問今天晚上要吃什麼？被問的覺得沒意見、隨便啊！那我們吃麥當勞？不要。「不要」跟「隨便」是不合邏輯的，隨便就是我說什麼你聽什麼，這就是誰做決定、誰有權力。既然不要麥當勞，就不是隨便，於是權力又翻轉了。

所以「隨便」在心理上是很嚴格的狀態，隨便不是他「什麼都可以」，隨便是：「你已經認識我這麼久了，你連我今天晚上想吃什麼都不知道嗎？」這個隨便非常高深，我到現在為止都還不了解，所以只能告訴你不要以為「隨便」就隨便起來了，聽到隨便，你要戰戰兢兢、如臨深淵。

六、伴

比較常聽說的一句話是「少年夫妻老來伴」，這就是強調伴侶的陪伴功能。其實不只是老夫妻才需要伴，我們追求的兩人關係就是在找一個適配的伴侶。找到這樣的伴侶，平等對待、共同奮鬥，走向未知的未來。所以有個在生活中陪伴、同理、支持自己、相互扶持的伴侶，應該是人生最快樂的事情。

性、情、義、財、力、伴，這六個元素構成（或融合）了你和愛人的關係，讓愛情變成一段互相磨合、彼此變化的旅程，而且通常是個長途旅行。但愛情這旅程基本上不會是一帆風順，對於大部分的情侶來說，相愛中的各種摩擦、退讓或變化才是彼此的真正考驗，而且這些考驗很可能就展現出愛情的對等關係與價值是什麼，以及這段關係到底是建立在什麼基礎之上？究竟是基礎穩固，還是如履薄冰？

在第二章，我們先看看一本在文學及心理學都相當著名的作品《論愛情》，然後還有兩個關於考驗與磨合的著名愛情故事：希臘神話的〈丘比特與賽姬〉，以及讓迪士尼發揚光大並成為類型的《美女與野獸》。這兩個故事當中，愛情有祕密、情緒勒索、試煉與考驗、接納與化解，甚至還有婆媳關係與「斯德哥爾摩症候群」，可以說是很豐富的關係範本。

愛情與文學的結晶——《論愛情》

十九世紀時，法國有個知名作家司湯達（Stendhal，本名為馬利—亨利·貝爾，Marie-Henri Beyle）針對「愛情」寫了一部專書，叫做《論愛情》（De l'amour，或譯為《十九世紀的愛情》、《愛情論》），試著系統性地分析愛情。只是以現在的標準來看，分析該要符合「互斥」跟「窮盡」兩個原則，不過司湯達的分析並不符合。

可是，司湯達對愛情的分析就因此降低價值了嗎？不盡然，他以一個曾受愛情折磨的過來人及文學家的身分去探討愛情是什麼，分析出四種愛的類型：激情之愛、趣味之愛、肉體之愛、虛榮之愛，也提出愛情會有七個階段：驚嘆、自言自語、希望、愛情誕生了、第一次結晶開始、產生懷疑，以及第二次結晶。雖然不是所有人都符合這七個階段，但他的見解依舊很有意思。

其中講到趣味之愛，司湯達在《論愛情》中提到：

「激情之愛會違背我們的興趣，使我們失去自制力，而趣味之愛則總是恪守那些興趣。當然，倘若你從這可憐的愛中去掉虛榮心的話，趣味之愛剩下的東西就不多了，那就如同一個可憐的、步履艱難的虛弱病人。」①

而他對肉體之愛的形容是：

「在狩獵中碰到一位在森林中逃遁的秀麗農家姑娘。大家都熟悉這種以歡娛為基礎的愛。無論你怎樣冷漠、潦倒，你的戀愛生活也總會從十六歲時開始。」

另外，還有虛榮之愛。

「絕大多數男子，尤其是法國男子，希望有、並且也有一個為上流社會所歡迎的妻子，就如同有一匹漂亮的馬，並視之為一個青年必不可少的奢侈品。虛榮心或多或少被激發起來，導致熱情的產生。有時也有肉體之愛的成分，但情形不總是如此，甚至常常沒有肉體的因素。」

而司湯達認為愛情的發展會有七個階段，分別是：

一、驚嘆

就是看到對方的時候會忍不住發出：「哇～」

二、自言自語

這階段，你會一個人自己說話或想像一些互動，比如：「吻她、被她吻，多麼

①本章譯文引自《十九世紀的愛情》，司湯達（Stendhal）著，劉陽譯，江蘇人民出版社，2005年。

快活呀！」

三、希望

然後，你希望喜歡的人也會喜歡你。「考察戀人的種種優點：正是在這一時刻，一個女子會因為可能產生巨大快感而委身。哪怕是最拘謹的婦女，在滿懷希望的時刻，那雙眼睛也是光彩照人，顧盼神飛；激情澎湃，喜悅洋溢，一切都清清楚楚地表露無遺。」

四、愛情誕生了

「愛是一種快感，是在盡可能親近的接觸中凝視、撫摸，以一切感官體會一個愛著我們的可愛人兒從而得到的快感。」

五、第一次結晶開始

不要誤會，這裡的「結晶」不是愛的結晶，不是要生小孩了。

「人們往往用千種至善、萬般至美來裝飾他已贏得其芳心的女人而感到其樂無窮；志得意滿地讓幸福的細節在腦海裡反覆重演。結果，你會給她過高的評價，把她視為潔白無瑕的謫凡天使，雖不完全了解她，但確信她屬於你。」

所以第五階段在某種程度上是一個理想化的過程，這個「結晶」類似礦物經過一個過程所形成的結晶，是美好而令人快樂的。

「我所說的結晶，是指心靈的作用，心靈從眼前紛至沓來的萬事萬物中，又發現了鍾愛對象身上的新優點。」

「我冒昧稱之為結晶的這種現象，是自然的一種產物（它注定會使我們感到快樂，熱血衝向頭腦），它是感覺的一種產物（感覺自己的快樂隨著鍾愛對象的優點而增長），也是觀念的一種產物。這種觀念就是：『她是我的。』」

檢查。」

六、產生懷疑

「戀人開始懷疑他自己憧憬的幸福，他要求對自己滿懷希望的理由進行嚴格的檢查。」

七、第二次結晶

「這一過程的結晶體就是確認這種觀念：她愛我。」

「戀人的思想在這三種觀念之間不斷地徘徊：一她完美無缺；二她愛我；三如何才能獲得證明她愛我的最有力的證據。尚未成熟的愛情最令人斷腸的時刻就是，你發現自己做了虛假的推理，整個結晶就會毀於一旦。你就開始懷疑整個結晶過程。」

簡單來講，這七個階段呈現出你跟另一半的關係會透過不斷互動而產生新的看法，連同愛的類型分析，就是司湯達的《論愛情》中被人引用比較多的兩個部分。《論愛情》在出版當時（一八二二年）並不暢銷，直到日後才變成司湯達的代表作之一，但這部作品針對人類的特定情感「愛」做出細緻而深刻的探究，也敏銳地分析出戀人的心理變化，即使內容是司湯達的隨筆，並不嚴謹，卻完全應和了司湯達的墓誌銘：「寫過，愛過，活過」。

愛不是勒索與交換——〈丘比特與賽姬〉

在希臘神話中，大家都知道愛神丘比特，也知道他的形象是一個任性的小男孩，長著翅膀然後亂射箭。但你可能不知道在古羅馬作家阿普列烏斯（Apuleius）寫的《金驢記》中有一則〈丘比特與賽姬〉，這裡的丘比特不僅結了婚，還是很年輕的時候就結婚，他的對象當然就是剛剛提到的賽姬（Psyche）。

話說賽姬是某個國王與王后的三女兒，長得非常美麗，書裡說聽過她的人，

「不論遠近或老少，無不成群結隊專程前來欣賞這可望不可及的盛美景象，慕名瞻仰的人一個驚訝得目瞪口呆，紛紛把右手移到嘴唇，豎起大拇指，又是膜拜、又是祈願，彷彿她就是維納斯本尊。」②

好，問題來了，因為她太過漂亮、分身勝過本尊，引起了維納斯的嫉妒。為什麼？因為大家都爭相去欣賞賽姬，沒人去拜維納斯，所以維納斯就火了。維納斯為了懲罰賽姬，就把兒子叫過來——就是那個長著翅膀、會亂射箭的丘比特。

維納斯要兒子為她報仇：「讓那女孩死心塌地愛上最要不得的人，就是命運注定無財無德，世間找不出更卑賤、更悽慘的人。」

另一方面，賽姬雖然擁有傾城傾國的美貌，卻有個沒人追求的煩惱。於是國王為了女兒的婚事去求助阿波羅神諭，最後獲得一個「葬禮婚姻」的指示。意思是既然世間沒人要她，那就把她嫁給一個鬼魂之類的對象。

於是送親隊伍把賽姬送到一個高山的山崖旁，大家就回去了。至於迫不得已跳下山谷的賽姬，被一陣西風送進深谷中的一片草地上。沒想到這個深谷中竟然有一座美麗的宮殿，然後有個不具形體的聲音來迎接她。

深夜，「現在她尚未顯露真面目的丈夫來了，爬上了床，和賽姬成親了，又趕在天色破曉前匆匆離去。」如此日復一日。起初，賽姬雖然覺得奇怪，但持續一段時間後，「習慣成自然，新處境也有歡樂，神祕的聲音為她的孤單帶來慰藉。」

於是，眼前只剩下一個問題，就是她從來都不知道自己老公長什麼樣子，因為老公告訴她，做什麼都可以，就是不可以點蠟燭看看他長怎樣。

可能這從另一面來講叫做愛情的考驗，測試彼此的信任，但我實在很討厭「考驗」這兩個字，我覺得考驗有時候不過是他要你而已。

然而丘比特卻說：

②本章譯文引自《情慾幽林：西洋上古情慾文學選集》，呂健忠著，秀威資訊，2011年。

「好吧，隨妳高興怎麼做，妳要跟自己過意不去。等到妳開始後悔來不及的時候，只要記得我誠心警告過妳的。」

你不覺得這種語氣很熟悉嗎？看似鼓勵又是威脅，我們從小到大，老師講過、爸媽講過、長輩也講過，類似的語氣和意義在我們的成長過程中太常見了，常見到我們習以為常，但這也是一種權力遊戲，一個是權力關係中的享受者，另一個就是犧牲者。

不僅不能點蠟燭，老公還警告賽姬不要跟來山谷找她的姊姊們聯絡。後來就算同意她跟姊姊見面，卻又再三警告，絕對不能聽姊姊的話來探查他的長相。欸，想想看，如果你不知道另一半的長相，而姊姊們勸你去看一下，這不過是人之常情，居然被說成是壞心眼？自己老公長怎麼樣，連看都不給看，不是太奇怪了嗎？

假如賽姬經不起好奇心的驅使，「她的好奇會招來天譴，她的運氣也會全面逆轉，再也享受不到他的擁抱。」

故事到這裡，兩個人形成了一種非常糟糕的關係。丘比特不講為什麼自己不能現身，只說：我這樣說你就得跟著做，你不做就是你的問題，你不做就被懲罰。彼此沒有溝通，只有警告，其實是非常不平等的關係。

後來姊妹相見之後，丘比特又警告賽姬：

「那兩個奸詐的女人千方百計設圈套要對付妳，主要的目的是說服妳探查我的真面目。就像我一再告訴過妳的，妳如果看了，妳就再也看不到了。」

想知道自己老公的長相到底有什麼錯？非得一直威脅她？這真的是斯德哥爾摩症候群式的愛情，愛上那些恐嚇你的人，而你也相信他講的藉口。

丘比特甚至說，如果賽姬能守住祕密，將來兩人的孩子就會是個神；如果她洩露口風，那就只能是肉身凡胎——這根本就是責備受害人。

「妳們積怨的血緣，已經銜著妳拿起武器。」

「妳那兩個壞心眼的姊姊已經抽劍出鞘，就要刺妳的喉嚨。」

「妳一定要克制妳自己，這樣才能挽救妳的家、妳的丈夫、妳自己跟我們的小寶貝免遭虎視眈眈的毀滅。」

丘比特第三次這樣告誡賽姬。這個丘比特怎麼離間老婆的娘家呢？到底是誰虎視眈眈要害她？不就是你媽維納斯跟你嗎？以前大家都認為丘比特跟賽姬是很浪漫的故事，呈現了歷經考驗的愛情，最後有個圓滿的結局。但仔細讀完以後，你會發現，這其實是一個男人綁架女人、引誘她發生關係卻不好好溝通也沒有平等對待的故事。要是有誰遇到這樣的老公，先逃為妙，懂嗎？就去聲請保護令。

神與人，門當戶不對

當然故事接下來的發展，一定會是賽姬終於發現丘比特的真面目。

「在他金閃閃的頭上，她看到瓊漿浸透的濃密秀麗的頭髮：鬈髮圈圈環扣，清爽俐落覆在乳白頸項和玫瑰脖子上，前垂後懸錯落有致，光輝奪目竟使得燈光相形黯淡。從著這羽翼神的兩肩，潔白的羽毛閃閃發亮，好像朝露滋潤中的花朵；他的翅膀雖然靜靜地躺著，邊緣環繞的柔軟而纖細的棉羽依然恣情嬉耍，來回抖動不稍停。他身體的其他部分光潔無毛，通體發亮，絲毫無愧於維納斯之子的美名。」

總而言之，她的蠟油滴到丘比特身上，他就醒了——

「我可憐的賽姬，妳好天真！……想當初，我違背我母親維納斯的命令，她要我讓妳死心塌地愛戀世間最悲慘、最卑微的人，判決妳禁錮在最低賤的婚姻中。我擅作主張，自己飛向妳，當妳的情侶。」

「我再三提醒妳千萬要留神，一片好意警告妳，是為了妳好。妳那兩個唯恐天下不亂的軍師，我很快就要她們罪有應得。至於妳，我只要自己離開就是懲罰妳了。」

「我是為你好」聽起來是不是也很熟悉？就像父母跟你說：「爸爸這樣是因為愛你，媽媽這樣是因為愛你啊！」或者很多伴侶、情人也搞這一套，動不動就用分手恐嚇、當成懲罰，因為對方知道你愛得比較多或者比較放不下，只要他／她離開，你會受不了，自然就會退讓忍耐。

接下來賽姬經歷了一連串維納斯的考驗，包括以多種穀類種子測試她的分類能力、小瓶裝高山泉水、冥界求美等各種測驗。所幸賽姬得到其他動物的幫助，化險為夷……幹嘛，是期末考嗎？這是修什麼科目，認識穀類嗎？而且為什麼在愛情中要考驗妻子，卻不是考驗丈夫？這也是權力問題。

最終，丘比特求助宙斯勸解母親維納斯，而宙斯賜給賽姬神食，讓她成神，和丘比特門當戶對。

很多以前的故事結局是這樣，一定要變成門當戶對、社會階級一致才能被接受，好像不能寫出一個是神、一個是凡人的結局，或是階級不一致的結局大多是悲劇。社會的上層與中層家庭特別注意門當戶對，而在這些階級的家庭中，父母親戚更會干涉下一代的愛情或婚姻。因為有些上層階級的道德會變成中產階級的，也成為中產階級模仿的對象。

其實，門當戶對的正面功能是從經濟狀況和生活方式的近似，讓雙方的磨合減少些障礙。但流弊就是忽略了愛情能超越階級、族群等等障礙，以及忽略相愛的雙方，願意平等對待彼此，懷抱著對於未來的無限希望，向著未來而共同奮鬥。這是心靈和行動上的門當戶對。

也因此，這個故事的外包裝可能是浪漫，但內在的道德觀仍是非常傳統。

愛情也是一場權力遊戲

艾瑞旭．諾伊曼（Erich Neumann）的《丘比德與賽姬：女性心靈的發展》③書中提到了幾個解讀故事的角度，讓〈丘比特與賽姬〉顯現了幾個值得討論的主題：

男性／女性中心的閱讀和理解、女性對於另一個美女的妒恨、母子關係、婆媳關係、動物丈夫的原形、女性懷疑與男性信賴、男性權威與女性服從、情侶間的祕密及其處理。

一、男性／女性中心的閱讀和理解

以自己性別有利的觀點來閱讀和理解，像是閱讀者本身的性別，就會影響他對於這故事的理解。傳統的故事都會把女人描寫成弱者，把男人包裝成強勢或蠻橫，目的就讓你要服從權威，不懷疑權威的正當性，因為他是為你好，你就要這樣做。

二、女性對於另一個美女的妒恨

另一個典型的例子就是白雪公主的後母，以及希臘神話中各種天后赫拉懲治女性的情節。

三、母子關係

兒子是母親報復他人的工具？還有兒子隱瞞母親自己的親密關係。既然兩人相依為命，理論上兩人應該無所不談，才能度過很多難關嘛！結果最親密的兩個人往往在世界上是隔得最遠的。可能怕他擔心難過或多想，所以什麼事情都不告訴對方，彼此的距離反而越來越遠，自然不會知道你身邊的人在想什麼。

四、婆媳關係

〈丘比特與賽姬〉讓你知道婆媳關係不只是東方人的問題，不只有日劇、韓劇或台灣的鄉土劇在演，西方也有這問題。但通常不是男生擔心岳母，而是女生擔心跟婆婆的關係，而且都是婆婆測試媳婦。說真的，為什麼不是媳婦測試婆婆？女人何苦為難女人呢？

---

③《丘比德與賽姬：女性心靈的發展》，艾瑞旭．諾伊曼（Erich Neumann）著，呂健忠譯，左岸文化，2004年。

五、動物丈夫的原型

就像我們後面會提到的經典類型《美女與野獸》所設定的，男人基本上是動物性、沒那麼進化，他不是一個 full grown person，還不夠文明化；而女人相對是比較進化、比較溫馴，因此可以馴服野獸。

六、女性懷疑與男性信賴（男性觀點）

在故事裡，男人覺得女人幹嘛一天到晚懷疑東懷疑西，還會因為聽了流言或讒言，破壞彼此的約定。但什麼人都會聽讒言啊，比如莎士比亞《奧賽羅》中的同名男主角，不就是因為一條手帕便懷疑他老婆嗎？聽信讒言是沒有性別之分的。

然後典型的故事還會說，這男人因為相信女人，結果慘遭背叛。但會不會騙人或被騙，無關性別，誰都可能會被騙。還有男人與女人間對於信賴的詭譎心態，也造成男人「相信我就不要問為什麼」、女人「相信我就告訴我為什麼」兩種不一樣的信賴觀。

七、男性權威與女性服從（女性觀點）

男性權威是禁止溝通。「因為我說不要偷看就不要偷看，你不要問我為什麼，你幹嘛問為什麼呢？」然後回到女性身上，如果女性不服從，她就會失去愛情。「都是你的錯，誰教你不相信我？」

八、情侶間的祕密及其處理

情侶間照道理應該要無話不談——如果你不跟伴侶無話不談，那你跟他談戀愛幹嘛？但這其實是「無話不談」的迷思。

我們每個人都會有祕密，究竟和伴侶共同的心理空間，與各自（祕密）心理空間，那個祕密最後的界線在哪裡？有時夫妻間知道的事情，跟閨密或球友、同事知道的不一樣，甚至朋友知道的可能還比夫妻更多。

再者，祕密跟欺騙有時也很難劃清楚。如果你看到你的男朋友或女朋友跟一個人講話，你走過去問：「你在講什麼？」「沒有啊！」你心中不起疑才怪。尤其以前沒有祕密跟自我界線的尊重概念，會覺得「你不說就是有鬼」，但現在我們慢慢有了尊重自我界線的觀念，知道兩者之間不一定是等同的。

雖然〈丘比特與賽姬〉是西方相當早期的故事，但它包含了許多影響日後的愛情故事發展的典型。依我的觀察，現代人提到的愛情小說或電影情節、戲劇內容，基本也就是在這幾個類型上打滾，所以如果你多知道一點、早知道一點，對於故事的感受就會不同。

就像很多人原本以為丘比特的愛情故事很美，而且是神話中難得的喜劇，但這真的不是一個很美很善良的故事，而是一個恐怖故事。你的愛情千萬不要選擇成為這樣的故事，尤其是女性，不要因為男性習慣了在關係中當享受者，女性就只能、必須做犧牲者。你要知道，這一切都是可以改變的。

在傳統或早期的愛情故事裡，通常都是男人馴服女人，但《美女與野獸》這個故事是透過愛情，以貝兒這個喜歡讀書的女性，讓野獸轉變為一個關心別人、會為別人犧牲的角色。所以在某種程度上這是一個反向的馴服作用，《美女與野獸》比較具有女性中心、女性自主的意涵在其中——你怎麼樣可以獨立，甚至不是做一個被動者，而是作一個主動者去馴服男人。

雖然這個故事跟〈丘比特與賽姬〉一樣，也是一個以限制行動作為開端的愛情故事，同樣有著斯德哥爾摩症候群的影子。但最終《美女與野獸》的男女主角能夠讓這段關係有個好的結局，是透過相處、彼此認識，突破外在與外型的限制，有愛情的力量，也有女性主動的力量與角色。

這一段落提到的《美女與野獸》主要依據二〇一七年迪士尼的電影版本，因為時間較近，一般人對這故事的概念也大多來自於此，而且二〇一七的電影版也更加強了女主角貝兒的個性與力量。

我們在前面〈丘比特與賽姬〉的篇幅中提到過「動物丈夫的原型」，《美女與野獸》的男主角亞當王子正是「動物丈夫」的代表性角色。亞當因為自私而被女巫下詛咒變成野獸，如果他不能學會愛人，並找到真心愛他的人，他將永遠無法變回原來的樣貌。女主角貝兒由父親扶養長大，為了拯救因為偷摘玫瑰而被野獸監禁的父親，甘願用自己交換父親的自由。

故事一開始就說，野獸是個自私卑鄙的人，而貝兒就像中國版的緹縈救父或者花木蘭，兩人相識的過程是一個很經典、類似《傲慢與偏見》，從完全不喜歡到喜歡對方的模式，通常也叫歡喜冤家。

跟這種模式相對的就是一見鍾情，一見鍾情在很多研究、在《學著，好好愛》書裡都提過，現實生活中會發生一見鍾情的機率很低，《美女與野獸》的狀況比較可能發生。說實在的，在某種程度上，《美女與野獸》的感情是滿寫實的啦！

愛是同中求異，還是異中求同？

在討論《美女與野獸》之前，我們先複習一下社會心理學或人際關係社會學常提到的「相似論」（Similarity）與「相輔論」（Complementarity）。這兩個理論是在探討：你要跟自己類似、喜好接近的人在一起，還是跟自己差別比較大的在一起？看到這裡你就知道社會學其實沒救了，因為這是五十五十，跟丟銅板一樣嘛！

相輔的概念來自於古希臘哲學家赫拉克里特（Heraclitus），對立物相一致，最美麗的和諧來自對立，所以美女跟野獸在一起也是一種對立，是種反差；反差的效果越大，有時候越吸引人。

所以說得細緻一點，兩個人剛開始認識的時候，「相似」是很重要的，因為你跟他有某種程度的相似，才會想跟他在一起。然後等到兩個人走入關係之後，如果希望這段關係長久，你要慢慢學會去欣賞、接納他跟自己互補的部分。如果永遠只執著要求彼此相似，你大概只會把這段關係搞到破裂吧！

在《美女與野獸》中，貝兒喜歡野獸有幾個關鍵原因，一是她喜歡看書而野獸也喜歡看書，這就是「相似性」（但貝兒不喜歡加斯頓的其中一個原因，是加斯頓不看書）。

另一個則是野獸受傷時，貝兒照顧他。在故事裡，這是喜歡一個人才會去做的事嘛，又不是她的職業。這也是為什麼有些人在脆弱或生病時會愛上陪伴者，因為被照顧會讓人產生一種「啊，你對我真好」的感覺。

只是在很多情況下，照顧是出於同情或職業，並不是因為出於愛。有些人就是因為人家對你好，誤以為別人愛上自己，把全部感情如潮水一般地湧向對方，最後把對方嚇到，這也是很常見的故事啊。

那麼為何會產生這樣的誤解呢？因為他缺乏愛、期待愛，但不知道有時人跟人之間的善意不一定會發展為愛情。其實愛很廣泛，那種照顧、幫助可能是作為一個朋友的關懷，還不到對你這個人的愛。我們通常會對一個情境有感，比如看到路邊有個人很需要幫忙，就去幫忙；但那還不是愛啊，因為你還不認識那個人。至於如何區別善意與愛情，還是需要理性觀察啦！感性與理性在一段關係中都是互相的，我認為一個人的感情處理好了以後，也就會比較理性一點。要是感情沒處理好，理智都是用來騙自己跟騙別人的啦！

因此美女跟野獸的關係之所以發生是透過兩人相處，慢慢地彼此認識。野獸受傷，貝兒看到野獸的圖書館，知道他喜歡莎士比亞，知道那些書不是擺在那邊好看而已，光是這個部分，《美女與野獸》算是相當具有正面意義了——尤其跟《白雪公主》相比。

《白雪公主》這故事誇張的地方就是在白馬王子吻了她以後，公主就愛上他了，但這兩人的感情基礎在哪裡？沒有，就是吻了她一下而已。可是很多人會覺得，這是一個「救贖」的故事，女人等待一個男人來拯救自己，好浪漫，然後人人都幻想自己是公主，那麼救贖你的男人是誰？有人認為是父親，有的人認為是男友或丈夫，甚至有人認為是外遇。

具有這種傾向的女性如果感情不順利的話，可能覺得「世界上沒有人比我爸爸還愛我的人」；如果進入婚姻然後也不順利，可能又覺得「唉，本以為丈夫能救我脫離原生家庭，結果掉入另外一個坑」，那就是再等待另外一個小王來救她了——如果你不懂得自己也有力量，自己也能突破困境的話，只會落入這種狀態。

愛有限制，更有力量

同樣地，《美女與野獸》的故事也呈現了幾個愛情中值得討論的主題：

一、**不要只看外表**

這是個人人注重顏值的時代，但電影明星長得再美也會被家暴啊！再強調一下，這是暴力問題，和顏值無關。這也是《美女與野獸》再再提醒的，不要只顧顏值，眼睛看不見的地方就要用心看，你用心就會看到一個人的特別之處。

二、**愛情中的「斯德哥爾摩症候群」**

為什麼貝兒會愛上限制她行動自由的人？是因為在這樣的條件下，她有機會更親密地認識一個人，而這在一般情況下是不會出現的。然而綁架、脅迫或限制自由這種動機一開始就不對，更不希望有人出於這種動機來發展愛情，只是有人確實會這麼做。

這並不是極端案例，脅迫也不是只有身體的暴力才算，言語的、心理的威脅與恐嚇都是。在傳統教育、通俗文化的影響下，女生更要意識到這種感情中的不平等。在一段關係當中，究竟是「誰先愛上的」並沒有絕對的答案，也不只有一見鍾情或日久生情而已。感情的主動與被動有時會被排除在理性之外，產生在不對等的脅迫之下，就像「斯德哥爾摩症候群」的患者們，受害者也會戀上加害自己的人。之前提過的吊橋實驗其實也有點類似斯德哥爾摩症候群，在心情忐忑起伏的時候，難免想要有個人依靠，又剛好遇到的人可以提供情感上的安慰與安全感，自然就容易產生「愛」的感覺。

但吊橋實驗跟斯德哥爾摩症候群不太一樣，吊橋實驗是趁虛而入，但斯德哥爾摩症候群不只是趁虛而入，更是讓人無路可逃，沒辦法逃，所以只能愛他，如果不愛可能就用強迫的。

貝兒一開始也是拒絕野獸，不欣賞野獸，是慢慢靠著互相認識、找出相似、接納互補，讓愛情發生，讓關係穩固。至於配角加斯頓想要救出貝兒而贏得她的芳心，用救命之恩來交換愛情，某種程度上則是一種感情勒索，也是社會交換

（Social exchange）的問題。

如果有個人救了你一命，你要報恩，那麼報恩的限度在哪裡？怎樣是一個公平或合理的交換？「既然我對你那麼好，你就應該跟我怎麼樣」，我覺得這種感情態度就是情感的勒索。

三、「愛情可以化解魔咒」的危險

世上很多愛情故事的價值，都在歌頌「愛能解決一切」，像是希臘神話當中，愛情連事業都可以拯救。但在真實世界裡，很多問題都是愛情解決不了的，或者可能要像貝兒長得漂亮又那麼機智才有機會。

只是很多人對愛情有種莫名的期待，比如期待自己被愛救贖，或者期待愛的力量能解決問題。這在某種條件下是可行的，但是在一段暴力或受虐的關係之中，單靠你自己不斷忍讓，是你死得比較快？還是他會頓悟比較快？台灣鄉土劇的壞人最後的確可能洗白變好人，但你也要等到最後一集。

陷在一個不對等、不快樂的關係中，同時懷抱著「他最後會改變」的想法，不是擁有希望，其實還是在等待救贖，卻不認為自己有力量離開。你會找很多藉口：唉，他就是心情不好啦一時情緒化啦……唉，我們都在一起這麼久了……為對方找藉口，為自己容受不快樂的程度找藉口。這也呈現了一個人的價值問題，受苦的那個不覺得自己有價值，他的價值全在於對方對他好，自己就有價值；對他不好，或是對方離開了，自己怎麼再找到另一個人？

但有時候，**離開一段關係也是最好的救贖**，畢竟我們在書裡討論的、尋求的不是宗教的愛，不是「神愛世人」的那種愛，那是少數人才做得到的，所以把「愛可以解決一切的想法」擴得太大會有問題的。你應該認識到愛的限制，認識到自己的限制，知道自己能做到多少、做到什麼地步，才不會在感情裡愛得跌跌撞撞。

別再自虐，好好相愛

愛情關係是一個屬於你的長途旅行，是專屬於你的故事，但別忘了，任何一種故事情節會隨年齡、時間、環境而改變，人的複雜性就在這裡，關係是一種動態平衡，不是靜止不動，我們都是會改變的，我們也有能力改變。

所以我一直提倡愛情是「平等對待、共同奮鬥」，會想透過勒索或交換、趁人之危得到愛情的人，常常是因為他不知道有別的方式，或者這是他唯一會的、覺得有效或有把握的，卻不知道愛情不是這樣的。**愛情不是可以交換的，性也許可以，或者很多人把性視為愛、用性交換愛，但真正的愛情不是交換就能換來的**。

所以在這趟長途旅行當中，最重要的問題是你有沒有意識到自己的力量？要不要改變？你的故事要如何發展？故事要發展或不發展，在於你跟伴侶的互動，兩個人談戀愛之後，將來是一輩子還是會分手？感情會轉淡還是更穩固？有一天會發生家暴還是不會？會愛上別人還是不會？一切都是看你們兩個人的互動與解決問題的方式。

如果你們能夠真誠地溝通，彼此對等互動，絕對可以節省很多時間——兩個人要找到對方、好好相愛，真的很不容易，不要浪費時間自虐或自傷了，多點時間在一起享受愛情吧！

03 Suffering

受傷

「在隱居之中，我嘆息，我飲泣，我愁困，
我低呼哀綠綺思這個親愛的名字，
我聽見這個聲音我就喜悅呀！我怨恨上天無情。」

——阿伯拉／《阿伯拉與哀綠綺思》

傷痕不是一種愛的證明

我們的老朋友史登堡在一九八六年提出「愛的三角理論」，這在各種關於愛情的討論中大概都看得到。在史登堡的理論中，愛情有三個組成要素，而這三個要素形成一個三角形：親密（Intimacy）、激情（Passion）、決定／承諾（Decision/Commitment）。

而後這個「愛的三角理論」又出現了八種延伸類型：

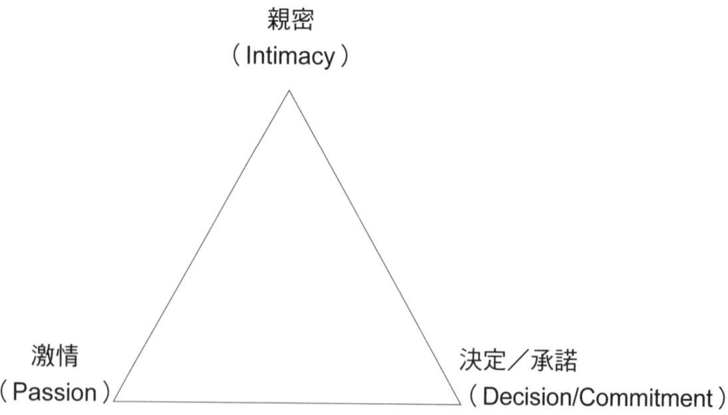

一、只有親密要素——喜歡（Liking）

二、只有激情要素——迷戀愛（Infatuated love）

三、只有決定／承諾要素——空洞愛（Empty love）

四、親密＋激情要素——浪漫愛（Romantic love）

五、親密＋承諾要素——溫情愛（Companionate love）

六、激情＋承諾要素——愚蠢愛（Fatuous love）

七、親密＋激情＋承諾要素——圓融愛（Consummate love）

八、缺乏任何要素——無愛（Non love）

雖然史登堡這樣認真地將愛情一一分類，但我們對於「愛」的印象或想像多半集中在「浪漫愛」這個概念上；在愛情中最期待浪漫，也認為浪漫是相愛及維持關係的要素之一，似乎不夠浪漫或者不會浪漫就等於對方愛得不夠。

但是，浪漫在感情中真的有這麼重要嗎？還有，浪漫的定義是什麼？這就跟美一樣也難有普世一致的標準；你可能覺得在室外淋雨彈吉他唱情歌獻給另一半很浪漫，他可能覺得求婚時端出一克拉的鑽戒更浪漫，或者七老八十、滿頭白髮時還一起牽手散步最浪漫。所以有人能夠更詳細地定義「浪漫」嗎？

有的，一九八五年，一位心理學家艾佛瑞爾（James R. Averill）勇敢地將「浪漫」分解為四個組成要素：將所愛的人理想化、開始得突然、生理反應、願意為所愛的人奉獻。

一、**將所愛的人理想化：**

這是非常常見的狀況。我們看到一個人的時候，通常會先看他的外表，然後就開始從這個外表幻想出一個故事，而且也常會將故事想得很遠、很美好。

二、**開始得突然：**

也就是「一見鍾情」啦！但一見鍾情的故事不會人人發生，曾有美國學者對一見鍾情很好奇，就跑去找了一群談戀愛的大學生：「來、來，你們說一下你們多少人是一見鍾情的？」他就這樣問了一下，結果大概只有百分十六的比例。

所以一見鍾情不是沒有，不過是真的罕見。但在一百部浪漫愛情片中，不會只有十六部是一見鍾情的，大部分都是一見鍾情，所以就會有個比例尺的問題。你會忘記電影是誇大的，認為大部分的浪漫愛情應該是一見鍾情，所以我這個一定不是真愛啦！我第一眼都沒有好好看到他，看到他我也沒感覺呀！如果你真心這樣相信，我想你是電影看太多了。

三、**生理反應**

就是見到自己喜歡的人會開始臉紅心跳，腦中一片空白，做出手腳不協調的動作，講話也開始結結巴巴……這些生理上的反應。許多影視作品都有這種主角見到心儀對象，然後完全手足無措的囧狀態。有人甚至光是在腦中想到喜歡的人就會嗤嗤地笑出來，或是自言自語，念到對方的名字也會油然而生一種莫名的幸福感。

這種「滿溢出來的幸福」如果能和對方共享，那大概是真的讓人「只羨鴛鴦不羨仙」。當然也有愛得死去活來、「沒有你我活不下去」的那種，像發瘋一樣，這也是一種強烈的生理反應。一般來說，愛情的生理反應是情感方面的，不過也有的會發展到性幻想或產生性衝動，希望能跟對方發生進一步的交流。

四、願意為所愛的人奉獻

這在戰爭時期或特殊情況的時候會發生，現在是太平時代，你會為對方犧牲什麼、奉獻什麼？你是學生的話，頂多為他上課抄筆記或是作弊（老師強調：千萬不可以），還會為他做什麼？不然就是替他夜排搶票，或者週年慶時你前一天晚上替他去排隊搶第一個特惠組吧！

接下來，我們要討論四個經典故事《牡丹亭》、《阿伯拉與哀綠綺思》、《羅密歐與茱麗葉》、《梁山伯與祝英台》。很多人都覺得他們是真愛，主角們也正值情竇初開的年紀，然後談了一場轟轟烈烈、超越世俗的感情，所以好像在十多歲就遇上令她／他愛戀的對象，為她／他反抗整個世界、歷經磨難，如果有好結局就很圓滿，結局不好不能相守就是淒美浪漫，值得千古歌頌——真的如此嗎？

被誤解的浪漫愛——《牡丹亭》

湯顯祖的《牡丹亭》一直被認為是個美麗的愛情故事，我承認故事的後半段很美，但如果美麗的故事有一個不美好的開頭，是不是也值得好好重新檢視？

為什麼這麼說？因為《牡丹亭》的開頭根本是一個約會強暴的故事，如果我們不仔細看或是只知道刪減過的版本，就不會知道《牡丹亭》在劇情發展的某個關鍵點，其實是相當不美麗的。

《牡丹亭》簡單來講是一個女子還魂的故事，改編自〈杜麗娘慕色還魂話本〉。故事發生在南宋，女主角杜麗娘十六歲（死時二十一歲）、男主角柳夢梅十八歲，因此兩人的魂魄相識相知也是「姊弟戀」。後來，湯顯祖把話本改成了戲曲，也變成中國古代經典的「浪漫」愛情故事。不過還魂的情節不是我們的重點，就不多做介紹，我們先看看這兩人是怎麼認識的。

少女懷春、小生勾引、神明助攻

在《牡丹亭》第十齣〈驚夢〉中，描述了杜麗娘和柳夢梅在夢中相識的過程。杜麗娘因為看了《詩經》而少女懷春，後來去逛花園，逛累了就在那裡睡著，夢到了一個小生。然後故事是這樣的①：

……身子困乏了，且自隱几而眠。

（睡介）

（夢生介）

（生持柳枝上）

「鶯逢日暖歌聲滑，人遇風情笑口開。一徑落花隨水人，今朝阮肇到天台。」

小生順路兒跟著杜小姐回來，怎生不見？（回看介）呀，小姐，小姐！

（旦作驚起介）

（相見介）

（生）小生那一處不尋訪小姐來，卻在這哩！

（旦作斜視不語介）

（生）恰好花園內折取垂柳半枝。姐姐，你既淹通書史，可作詩以賞此柳枝乎？

（旦作驚喜，欲言又止介）

（背想介）這生素昧平生，何因到此？

（生笑介）小姐，咱愛殺你哩！

這裡最後一句「小姐，咱愛殺你哩」，像不像女生經過工地時，工人在旁邊吹口哨說：「哎呦！美女！」拜託，柳夢梅是個讀書人耶，這樣跟人家講話合理嗎？然後他愛殺完了又唱起「山桃紅」來挑之以情。

①本章內文引自《牡丹亭》，湯顯祖著，邵海清校注，2000年。

【山桃紅】則為你如花美眷，似水流年。是答兒閒尋遍，在幽閨自憐。小姐，和你那答兒講話去。

（旦作含笑不行，生作牽衣介）

（旦低問介）哪邊去？

（生）轉過這芍藥欄前，緊靠著湖山石邊。

（旦低問介）秀才，去怎的？

（生低答介）和你把領扣鬆，衣帶寬，袖梢兒搵著牙兒苫也，則待你忍耐溫存一晌眠。

（旦作羞，生前抱，旦推介）

（合）是那處曾相見，相看儼然，早難道這好處相逢無一言？

（生強抱旦下）

這裡的「和你把領扣鬆，衣帶寬，袖梢兒搵著牙兒苫也，則待你忍耐溫存一晌眠」，好像很文言，不太懂，但總之就是給你脫衣服嘿咻——還好你聽不懂，你聽懂了就甩他一巴掌。

再看這句「生強抱旦下」，就表示杜麗娘不是自願下去，而是柳夢梅強把她抱下去的。他抱下去以後自然就不能演了，看來湯顯祖的時代有自己的十八禁啊！

沒想到此時居然有個「花神」跳出來，開口就唱道：

「催花御史惜花天，檢點春工又一年。蘸客傷心紅雨下，勾人懸夢綵雲邊。」這花神有點就像月老這種角色，他說：「吾乃掌管南安府後花園花神是也。因杜知府小姐麗娘與柳夢梅秀才，後日有姻緣之分。杜小姐遊春感傷，致使柳秀才入夢。咱花神專掌惜玉憐香，竟來保護他，要他雲雨十分歡幸也。」

這個意思是說，是女人思春了，所以男人就來了，彷彿罪魁禍首都是女人。於是「要他雲雨十分歡幸也」，這不用解釋了嘛，這傢伙還花神呢，根本就是色神！因為他們有姻緣，所以我要讓他們把事情先做了，且要做得好，讓我來保護他……這是神該說的話嗎？兩人還沒結婚欸，連對方是誰都還不認識，這是傷風敗俗或是性侵吧？

夢境是願望的實現？

那杜麗娘是怎麼看待兩人的相識？她在夢醒後回想這件事：

「忽見一生年可弱冠，豐姿俊妍。於園中折得柳絲一枝，笑對奴家說：『姐姐既淹通書史，何不將柳枝題賞一篇。』那時待要應他一聲，心中自忖：素昧平生，不知名姓，何得輕與交言？正如此想間，只見那生向前說了幾句傷心話兒，將奴摟抱去牡丹亭畔、芍藥闌邊，共成雲雨之歡。兩情和合，真箇是千般愛惜，萬種溫存。歡畢之時，又送我睡眠。幾聲『將息』。正待自送那生出門，忽值母親來到，喚醒將來。我一身冷汗，乃是南柯一夢。」

從這段文字可以得知，從杜麗娘的觀點，柳夢梅是「年可弱冠，豐姿俊妍」，用現代的話說就是帥哥一枚。但他沒有自我介紹是誰，就要求跟她題賞柳枝一篇。雖然杜麗娘起初仍有自己的道德監視系統，就是「素昧平生，不知名姓，何得輕與交言？」之類的想法，卻在柳夢梅說了「傷心話」後就被抱走，**Just Do It**，道德防線完全瓦解。

當然，「幸好」最後這只是「南柯一夢」，用夢來解釋，你認真你就輸了，幹嘛認真呢？但夢也可以寫點別的啊，為什麼要描寫一個女人希望在自己的夢裡翻雲覆雨或被傷害？

如果依照佛洛伊德的解釋，夢就是願望的實現，這不是讓觀賞這齣戲的男人覺得，女人春心蕩漾的時候，只要你餓虎撲羊，她一定會答應？好萊塢電影也會有這種橋段，剛開始女方拒絕或兩人還在吵架，然後男方強吻她，她就漸漸軟化的劇情，但你覺得女人真是希望這樣嗎？

接著又說杜麗娘希望跟對方至少通個名姓，沒想到就被抱走了，這樣編劇不是讓人家誤會，以為你做了以後她就是你的人，從此以後你就高枕無憂，也不用經營感情，反正對方已經跑不掉了。

以前看布袋戲的時候，有一句話經常出現在布袋戲女主角口中：「一夜夫妻百日恩」，既然我已經跟他一夜夫妻了，我就是他家的人，生是誰家的人死是誰家的鬼這樣。但暴力跟愛是要分開的，很多人不了解這一點或者他沒有別的辦法，發現暴力是最有效的時候，他會說：我就是因為愛你，才會這樣做。

這是個自由時代，在自由之名下確實會出現很多亂七八糟的事情，但那都是自欺欺人的行為。所以《牡丹亭》值得我們拿出來好好檢視的，正是因為這故事的前半部用美好包裝了不美好，不值得幻想。

《牡丹亭》被視為中國的「偉大愛情故事」，但這兩個人是怎樣的開始、偉大的基礎在哪裡？難道一個錯的開始，一定會有美好的結束？如果是這樣的話，你不喜歡的人，也可以用別的手段、用暴力來逼你喜歡他啊，我們會期待這樣的事情發生嗎？

《牡丹亭》的情節可能描述了某一種愛情的樣貌，但在這世上，有些女生可能是這樣，有些女生在某些情況下可能是那樣。人不是單一而是多元的，所以學會尊重別人與尊重自己是非常、非常重要的。**你可以得不到愛情、得不到那場性，但是你不能失掉自己。**

天雷地火的法式悲戀——《阿伯拉與哀綠綺思》

《阿伯拉與哀綠綺思》是歐洲中古相當著名的故事，我在台大剛開「愛情社會學」課程的時候，講的就是這故事。它可能在東方流傳得沒有那麼廣泛，但是很值得與《牡丹亭》映照。

阿伯拉（Abélard）是中古時代非常有名的神學家，一〇七九年生於法國布列塔尼邊境的勒帕萊。父親是地位不高的騎士，涉獵文學，阿伯拉是最受父親寵愛的長子，在教育上也最受眷顧。當時的神學是顯學，除了神學之外，大概也沒有別的學問可言。後來阿伯拉在巴黎開班授課，同時擔任巴黎大教堂的教士福爾伯特（Fulbert）年輕的姪女哀綠綺思的私人教師。

哀綠綺思（Héloïse）當時大概是十七歲左右——也有人說是十九歲——不管怎麼樣，阿伯拉當時幾歲了呢？三十七歲。三十七歲跟十七歲又是師生戀，就算在現代社會也是個頭條了。

這兩人的故事最早出現在一二七五年，由德孟（Jean de Meung）所寫的《玫瑰傳奇》（Roman de la Rose）當中，然後在一四七一年發現了疑似兩個人通信的手稿。然後在一九七〇跟八〇年代，有些學者對於書信作者的身分產生質疑與辯論，認為這些書信不是由阿伯拉跟哀綠綺思合寫，而是出自阿伯拉的弟子。也有人認為那些署名為哀綠綺思的信，甚至不是女人寫的，其實是出自男人之手。所以《阿伯拉與哀綠綺思》到底是真實故事還是虛構，後人是有很多爭議的。

阿伯拉和哀綠綺思墜入情網後，生了一個兒子取名為 Astralabe，之後並祕密舉行婚禮。為了避免福爾伯特發現，阿伯拉將哀綠綺思藏在巴黎郊外的阿干特意（Argenteuil）修道院。

福爾伯特後來買通歹人將阿伯拉閹割，阿伯拉因此進入聖丹尼斯修道院為神父，並將哀綠綺思帶到同一間修道院為修女。根據梁實秋的解釋，讓哀綠綺思成為修女的理由，是因為阿伯拉不甘坐視哀綠綺思落入他人之手。

阿伯拉大約在一一四四年（一說是一一四二年）逝世，後來和哀綠綺思的遺體合葬在一起。一八〇〇年（也有說是一七九二年），兩人遺體被轉往巴黎法蘭西紀念館的雷諾博物館中——死了還一直被搬來搬去。

一八一七年，拿破崙的妻子喬瑟芬受到兩人故事的感召，又將兩人遺骸移往巴黎的拉榭斯神父墓園中，從此就沒再搬遷。拉榭斯神父墓園是巴黎著名的三大墓園之一，萬聖節很多人還會到他們的墓去朝拜，所以這兩個人死以後，一直被搬來搬去也拜來拜去這樣。

穿越時空的愛情觀

即便是中世紀的故事，但透過兩人來往的情書（梁實秋挑選的部分），可以看到這一對戀人間的想法其實也跟現代人的觀念很像。

「上天懲罰我，一方面既不准我滿足我的慾望，一方面又使得我的有罪的慾望燃燒得狂熾。」②

「終日冥想，方寸紊亂，感情猛烈得不容節制。」

所以有人說談戀愛像發瘋，因為你會被兩個力量所拉扯，完全控制不住自己。如果在日常生活中不談戀愛，大概很少出現這種情況——當然假如是某些精神方面的困擾，可能也會有這種感覺。

「你敢說婚姻一定不是愛情的墳墓嗎？」

婚姻是不是愛情的墳墓？我常常被問到，如果婚姻是愛情的墳墓，那麼所有的婚姻都是一場恐怖劇，像《控制》這部電影，或者我們都是金庸小說中的「古墓派」。有些人確實這樣認為。但如果婚姻不是愛情的墳墓，那婚姻是什麼？

我覺得比較好的比喻是：婚姻就像愛情的不同階段，你談戀愛的時候會先經過一段告白過程，告白之後，對方決定要跟你在一起，你會非常快樂地相戀，稱之為「喜憨期」。

喜憨期大概從兩小時到兩個月，你會非常快樂沉浸在兩人世界當中——這是有研究基礎的，也有人說「喜憨期」可以長達兩年。在這階段，你跟他在一起通常不需要什麼言語，你就純然地快樂，完全是用笑的，一看到他就會非常燦爛地微笑，甚至是想到他的名字、哪裡看到跟他名字相同的字就會笑出聲音。

②本章內文引自《阿伯拉與哀綠綺思的情書》，阿伯拉、哀綠綺思（Pierre Abelard、Heloise）著，梁實秋譯，九歌出版，1987 年。此版本是根據毛耳頓女士（Miss Honnor Morten）編注的英譯本 1922 年第六版所譯。

只是過了喜憨期之後，大家就要開始面對真實生活，必須好好商量、溝通。那時候，你們會用到很多的言語，然後彼此要協調，這時就會非常困難。情況有點像你打電玩，第一關都很好過，因為第一關的目是要讓你上癮，讓你想繼續玩下去。那第二關之後呢？難度會越來越高，但分數也會越來越多，所以你可以一直玩下去。

所以婚姻不是愛情的墳墓，婚姻是愛情的另外一個階段，甚至更高的一個階段，沒有準備好的人或不想平等對待、共同奮鬥的人，大概就不適合走向婚姻這條路。因為不是結婚以後所有的問題都沒了，而是從結婚的開始又會出現新的問題、擁有新的規則，是完全不一樣的一場遊戲。一場兩個人一起平等對待、共同奮鬥的遊戲。

「假如人間世上真有所謂幸福，我敢信那必是兩個自由戀愛的人的結合。」

這本書就是傳達「自由戀愛」理念非常重要的作品，雖然相對於現代而言沒有太吸引人，但放在十二世紀，這樣的事情當然是很特別，甚至有點驚世駭俗。所以西方有些研究者認為，西方的「浪漫愛」想法就是從十二世紀的阿伯拉和哀綠綺思開始（也有人認為是從十九世紀珍．奧斯汀的小說開始）。

「從來沒有愛過的人，我嫉羨他們的幸福。」

當然你在愛情中受苦的時候，或許會覺得不愛可能會快樂一點；也許當初不跟對方在一起，現在就不會那麼痛苦。但這都是此一時、彼一時的話，千萬不要把一時的話當成永恆的真理，那是非常可怕的事情。

是吐露真情還是炫耀愛情？

在《阿伯拉與哀綠綺思的情書》中，阿伯拉寫信給他的朋友菲林特斯，內容提到他和哀綠綺思之間的發展，包括對她的描述、表白、兩人在一起的時光、戀愛對自己的影響，自述遭閹割的心情與他對哀綠綺思的難忘。透過這些信件內容，也呈現出從阿伯拉的角度是如何看待這場戀情：

「在巴黎有一位年輕女郎（啊，菲林特斯！）天生尤物，上天給人類觀賞的絕美的模型；親愛的哀綠綺思，她是牧師福爾伯特的著名的姪女。她的才智與美貌，即是木石心腸也要為之傾倒，她的教育亦同樣的高超。」

阿伯拉說哀綠綺思是「天生尤物」和「上天給人類觀賞的絕美的模型」，但如果她不美，故事是不是就不會發生？「外貌」的重要在這裡表現得清清楚楚，所以萬一對方很醜，這故事豈不知該要怎麼講？

「我見了她，我愛她，我決計要她愛我。」

這句話就像凱薩看見羅馬城的時候說的「I came, I saw, I conquered」，至少心態上是一樣的。因為我們的社會主張男性要多主動，所以很多男人看到自己喜歡的女人，常會覺得「我愛她，也要讓她愛我」，沒有空間，然後得不到的時候不是自己痛苦，就是想讓對方受苦，更low的就是同歸於盡。

「我的名譽已經傳遍了各處，像這樣的一個壓倒當代學者的人，美德的女郎能夠抗拒嗎？我的年紀很輕，——我心裡僅為她發的海誓山盟，她能無動於衷嗎？」

阿伯拉的自信建立於自己是「名揚四海」的學者，這種良好條件也許是學術界急欲網羅的對象，可是並不一定是愛情對象心儀的「良好條件」。還有他說「我的年紀很輕」，但他是三十七歲，跟人家那個十七歲或十九歲的比起來，再年輕也是比人家老啊，所以人家叫你「阿伯啦」！阿伯拉就是這樣。

然後阿伯拉第一次跟哀綠綺思告白：「有一天我獨自和她在一處，我紅著臉說：『可愛的哀綠綺思，假如你知道你自己，對於你所引發的我的熱情，你就不驚異了。』」天啊，如果現在有人跟你這樣告白，你聽得懂嗎？這什麼語法呀？接著他又說：「雖然是非常的事，我可以用平常的話表示——我愛你。」就講這一句不就好了？前面繞了那麼長，誰聽得懂？

「從前我以為哲學是我們所有的情感的主宰，脆弱的人們在疾風暴雨中橫被馳驟毀碎的都把哲學當作隱藏的地方；但是你把我的安全毀滅了，你破壞了我的哲學的勇氣。」自己搞垮自己還說別人。

「我向來輕視財富、尊榮及其繁華，從不曾引起我的一絲半毫的顧念，只是美打動了我的靈魂；激起我的情感的她，若是承受了我的表示，那便是幸福；假如認為是開罪呢？」

這一段阿伯拉表示自己的清高，不重視世俗之物，是被哀綠綺思的美所吸引。此處描述了兩人愛情如何發生，卻也表現出他並不確定對方是不是也這樣看待自己，能不能回應自己的感情？

「『唉，神聖的哀綠綺思，』我匍匐在她的腳前說道，「我敢立誓——」我正要使她堅信我的情感的真誠，忽然聽見聲響，原來是福爾伯特。無法躲逃，我只得強制我的心願，改換談到別的題目上去了。」

這時，阿伯拉又換另外一招了，剛剛可能是站著或坐著，現在就啪的一聲趴下來匍在人家腳前，搞不好還抓住人家的腳不讓她走。好死不死，忽然聽到福爾伯特來了，阿伯拉只好轉移話題。如果是現在，他一定說：「我在找隱形眼鏡，你有看到我的隱形眼鏡嗎？」不然怎麼辦呢？難道說我正在跟你姪女求婚嗎？當然不能這麼說，連這個時代都不能這麼說，更何況是以前。而這是他的第一次跟哀綠綺思表白，這表白不是很糗嗎？

「夜深的時後，福爾伯特和他的家人都在酣睡，我們兩人私會，情意綿綿；我們不像一般不幸的情人們以空想狂吻為足意，我們會充分的利用這親切的幽約。我們聚會的地方沒有獅獸的可怖，同是研究哲學又是我們的遮掩。我對於這些學問毫無進益，漸漸厭棄了，當我離開情人而去鑽研哲學的時候，我有無限的懊惱與悲傷。愛情是不能隱匿的；一句話，一個神情，即使一刻的寂靜，都足以表示愛情。」

這是阿伯拉回憶兩人談戀愛的心情。念書都是假，談戀愛才是真的，也是後來的天下父母都會擔心的問題。為什麼很多學生家長非常反對男女合校就是這樣，認為男女合校會讓小孩沒辦法專心念書，只想談戀愛。很多家長甚至認為只要男女一合校就會懷孕，尤其是女生，不知道這是什麼邏輯。

大家應該去研究一下，男女合校的交往數跟沒有男女合校的交往數相比，真的比較高嗎？因此懷孕的程度或比例，真的有比單純女校還高嗎？如果沒有人研究只是在心中胡思亂想的話，有時候只是反映出成年人的 dirty mind。

阿伯拉也自述戀愛對自己的影響：

「我的學生們首先發現了我的隱衷；他們覺得我的靈敏的思想不復存在了；我現在什麼也不能做，只是寫詩安慰我的感情。」

通常談戀愛的人，自己不知道但別人會比他早看出來，為什麼？因為他的言行失常，好比一個原本很愛講話的人變得安靜，臉上還泛著一種喜憨的表情。

愛的備胎理論

「凡是與我同樣溺在情海裡的人，沒有不認此事為美談的，而他們引用我的思想與詩句又往往可以得到不可倖得的青睞。我們的情史因此遠播遐邇，阿伯拉與哀綠綺思的生平變成人人談論的題目。」

顯然阿伯拉對自己的戀情與情書非常之驕傲，這跟另一個中國知名愛情故事《西廂記》的張生把崔鶯鶯寫給自己的信、他們倆的事情，在朋友之間流傳，基本上是如出一轍。只不過張生與崔鶯鶯後來沒在一起，阿伯拉跟哀綠綺思至少有在一起，這個東西方可能相差了三、四百年的故事，在思想上卻是一樣的。

再來講到這個故事悲傷的關鍵之處。在阿伯拉被逐出福爾伯特的家門之後，請求哀綠綺思的女僕婀加頓幫忙，婀加頓在這時扮演一個紅娘的角色。

但在這時，阿伯拉卻聽到如下的回答：

「『你也是一位強幹漂亮的人，』她回答說，『而你的了解力未免太遲鈍了。我是愛你呀，阿伯拉！我曉得你愛哀綠綺思，我也不怪你，我只願在你的愛情裡占一個第二的位置。我和我們的小姐一樣，也有溫柔的心腸；你可以無疑慮的回答我的感情。你不必多心，一個聰明的人同時應該愛好幾個，那麼有一個不成功的時候，他還不致沒有著落。』」

婀加頓還替他著想呢，說你還是接受我吧，萬一小姐追不成的時候，至少還有我這個墊背。我將這種感情觀取名叫「備胎理論」。有些人是自願做小，尤其是他覺得自己配不上喜歡的人，這是很多自願做小的人的心態。比方說大企業老闆愛上祕書，祕書可能覺得：哇！以老闆之尊竟然喜歡我，實在很榮幸，但老闆當然有他的苦處啊，那我就默默做一個在他身邊扶持他的女人吧！因此不敢要求名分。在這過程之中，掌握權力的人，比如老闆，就可以用一套說法：我對不起你啊，我有太太，到時候我一定跟我太太離婚，跟你在一起……但「到時候」是到什麼時候？

這種故事千百年來如出一轍，而且一定有人會上當。我們總覺得怎麼會有人蠢到這地步呢？你看到的是蠢，他看到的是愛，他認為為對方犧牲就是愛，他沒想到這是對方占自己的便宜。要犧牲就兩個人一起犧牲，為什麼你犧牲而他沒犧牲呢？

阿伯拉拒絕了婀加頓的示愛，認為是婀加頓跑去跟福爾伯特告密，所以他說「一個被拒絕的婦人是最毒狠的動物」，開始罵人家是動物，這還是個學者嗎？我看這些故事時常會覺得有些名聲那麼大的哲學家，其實是言行不一的。

苦戀的「苦」總是自己找的

至於自己被閹割以後的心情：

「是羞恥，不是誠心悔禍，使得我藏起來不敢見人，但是我不能捨離哀綠綺思。我心中充滿嫉恨，即使犧牲了她的幸福，我也不能使我的敵人得志。」

男人被閹割顯然是最嚴重的事，可以為此犧牲愛情，這應該也算是「生殖器思考」的重要範例之一。想想這個被視為人類偉大愛情故事的情節轉折之一，竟然是男人因為自己被閹割而拋棄了對愛情的堅持，嗚呼哀哉！

「在我入修道院之先，我令哀綠綺思披了道袍隱入阿干特意的尼庵。我記得曾有人反對她做這樣殘酷的犧牲，她引用考耐黎阿於邦貝大帝死後所說的話回答：親愛的夫主，我們不幸的締婚招出這個厄運，我是禍因！」

而哀綠綺思認為阿伯拉之所以遭閹割，一切都是因為自己，她是紅顏禍水。這種愛情關係很可怕，會讓你覺得自己要承擔對方的一些苦難，覺得你是欠他的。而活在「你欠他」的想法裡，已經不是愛情了，是一種愧疚的道德壓力。

「她誦了這幾句詩，便走上神壇，取了頭被，定心皈依，像她那樣喜歡娛樂而又能仍舊享受的婦人，如此真是難得。我想起自己的弱點，不禁的臉紅，於是我不再思索，立刻隱入一個修道院，決計把無用的熱情從此消滅。」

所以女方覺得是女方的錯，男方也覺得是自己的錯，於是兩個人都隱入修道院，修道院這下可熱鬧，上帝也就因此忙碌了起來。

但阿伯拉依然對哀綠綺思難以忘情：

「我想苦痛即是修行，或者可以說減輕上帝的怒氣。」

很多人信教信到後來，把上帝當成很多事情的原因，把自己的不幸也認為是上帝發怒的關係，因此才讓誰誰誰把自己的生殖器給閹割了。說真的，我覺得上帝滿無辜的，這些都是他自己想的。

「在隱居之中，我嘆息，我飲泣，我愁困，我低呼哀綠綺思這個親愛的名字，我聽見這個聲音我就喜悅呀！我怨恨上天無情。」

這一段描寫得非常傳神，就算不是他們本人寫的，想必也是一個有過相同經歷的人寫下的。因為這種矛盾糾葛的心情，很多失戀的人或者經過類似狀況的人都曾經這樣回想過。只是我覺得阿伯拉與哀綠綺思的悲戀是：行為者自以為「天命難違」，主動放棄了自己應有的努力和堅持。

戀人必經的自我折磨之路

前面提到的都是阿伯拉寫給朋友菲林特斯的信，是阿伯拉視角的敘述，那哀綠綺思呢？我們來看看她怎麼回信給阿伯拉。這封信是在哀綠綺思偶然看到阿伯拉寫給朋友的信之後，她寫給阿伯拉的內容。

「老實說，我在未讀你的信之前，我的心是安寧得多。當然，情人們的一切煩惱都是從眼睛傳送給他們的：我讀了你的信，就把舊時的傷心，重新勾起了。」

有些話沒有明白講，透過信就會講得比較深入一點。很多事情我們也都以為沒有了、過去了，可是一旦某些情境發生，總會勾起你的回憶，有時是一首情歌，有時是經過兩人一起去過的地方，或是對方的生日。

「當我們在一起時，你從未說過一句安慰的話，我們分開後，你也未寫過一封安慰的信。但你必須知道，你對我是有義務的，而且因為我們的婚約和我對你的不渝的愛情，你更加義不容辭。正如大家所知，我對你的愛情是任何阻礙和束縛也擋不住的。親愛的，你知道，一如整個世界知道的那樣，我對你是多麼迷戀，公然的背叛行為讓我失去了你，這好比喪失了我自己一樣。」③

這段話顯然是從女性的觀點出發。所以無論阿伯拉怎麼說，女人是有要求的，不是你說了算。「公然的背叛行為讓我失去了你，這好比喪失了我自己一樣。」兩個是一體的，失去了你就等於失去了自己，這也是非常難過痛苦的心情。

所以很多人在失戀時為什麼那麼痛苦？其中一個重要根源是你感覺失去了自己的一部分，甚至有些人會認為是失去全部，不知道沒有了這段戀愛以後，自己算什麼？因而痛苦到無以復加，甚至不知道自己活著是為了什麼。這其實是很自虐的想法，但偏偏失戀的人都得經歷這一段。

「你是引起我痛苦的惟一根源，因而你也是惟一能賜我以安慰的人。只有你有能力讓我悲哀、給我帶來幸福或安慰；只有你欠我的債是如此之大，特別是現在，在我不折不扣地執行了你所有的命令之後，我感到無力在任何事情上反對你，但如果你命令我，我卻可以找到自毀的力量。」④

哀綠綺思在之前說過「你從來沒有安慰過我」，這是一個失戀的人能寫得最最清楚的一句話。所以如果將來要跟任何一個人分手，請自己好好想一下，不是說不要拋棄他，而是真的要好好跟對方說、怎麼說，不要像阿伯拉一樣沒有說。

有時候，一個人失戀之後療傷過程的長短，是取決於他知不知道自己為何失去這段感情。有沒有交代真的是很重要。

「到目前為止，我還認為我理應得到你的關心，因為我所做的一切都是為了你，而且直到此時此刻仍完全服從你的意志。作為一個女孩，我並非是出於喜歡而接受修道院的艱苦生活的，而完全是出於你的要求，對此如果我不值得你感激的話，那我的努力等於完全是徒然的，你可以想像我的感覺。為此我不期盼上帝的報答，因為至今我還沒有因愛祂而做出什麼。」⑤

哀綠綺思表達得很坦白啊，她已經在修道院了，還覺得自己其實不是愛上帝，而是因為男人的命令才來的。

「在你匆匆追隨上帝而去時，我也緊跟上了你的步伐。事實上，我先你一步當了修女——你在自己皈依上帝之前先讓我接受宗教並發誓忠於它，這也許是因為你想到了羅得之妻不聽勸告回頭一望所造成的遺憾。在這件事情上你表現出的對我的缺乏信任，讓我感到莫大的痛苦和侮辱。」⑥

羅得之妻的故事出自於聖經。羅得一家從索多瑪逃難的時候，天使要求他們不要回頭望，但羅得之妻沒聽從耶和華的吩咐，結果回頭一看，就變成了一根鹽柱。在這段關係裡，哀綠綺思覺得阿伯拉對她缺乏信任，讓她感到莫大的痛苦跟侮辱。因為其他人可以不信任你，但自己最愛的人不信任自己，這才是痛苦。

而在哀綠綺思寫給阿伯拉的第二封信中，表達出她對阿伯拉的感受——怕冒犯和取悅。這份坦承也顯示出他們兩個在感情上其實是不太平等的關係。

「在我生命的每一階段，直到今天為止，我一直害怕冒犯你，害怕冒犯你甚於害怕冒犯上帝，努力取悅你甚於取悅上帝，這一點上帝可以作證。」⑦

我聽過很多女生說，她們對男朋友也是這樣，男生的要求不敢說不，就算自己很不喜歡也不敢。有個女同學問我：「我很討厭男朋友抽菸，該怎麼辦？」你討厭他抽菸，但是來問我？就跟他說你討厭他抽菸啊。「不行，因為我講了他就會離開

③—⑦本段落譯文引自《聖殿下的私語：阿伯拉爾與愛洛依絲書信集》，蒙克利夫著，岳麗娟譯，廣西師範大學出版，2001年。

我。」如果你真的很在意，也許應該跟他更清楚地去溝通，害怕對方生氣而不講出來，悶在心裡，遲早有一天會悶壞。

在梁實秋翻譯的《阿伯拉與哀綠綺思的情書》中，也提到了哀綠綺思對愛人的別後思念。

「自從別後，我常感覺到，我們所愛的那些影像，在距離遠的時候比近的時候為更可愛。好像是人愈隔離得遠，人的容貌愈完美愈逼真；至少我們的想像使得我們這樣想，因為我們要是想再看見某某，想想便永遠會把他的容貌顯現出來。愛情有一種奇特的力量，能夠把假的看成真的……」

她回憶當初兩人戀愛的情景：

「你該記得（因為情人們不會忘記的）我當初聽你談話，整天整天的過去，我是何等快活。你不在我跟前的時候，我便誰也不見，獨自的給你寫信；我的信沒達到你的手裡的時候，我心中何等不安；我費了多少心機來尋求送信的人……我將以我心中的全副溫柔來愛你，直到死的一天。」

也解釋過去不願和阿伯拉結婚的原因：

「你也許不相信這話，因為我曾極端的表示不願和你結婚，雖然我明知妻的名義在塵世上是名譽的，在宗教上是神聖的；但是情人的名義較為更美，因為是較為自由。婚姻的結合，無論如何榮耀，總帶著一些必要的束縛，我是不情願勉強的永遠愛一個未必能永遠愛我的人。」

所以在某種程度上，哀綠綺思對這份愛情是不是真的有信心？其實值得懷疑，顯然她的心情一直很擺盪，既快樂又痛苦，既害怕又渴望，但她能夠真實地表達出自己在愛情中的各種情緒與想法。

哀綠綺思請求阿伯拉將原來的兒女私情轉為神聖的愛：

「阿伯拉，我求你減輕我的鐐銬的重量，使我自由如意。請你教我神聖的愛；你既然拋棄了我，我將嫁給上天，尋求一點光榮……請你獻給我在從前塵世一般的殷懃吧。我們不必改換我們的愛情的熱度，我們改換愛情的對象吧；我們別唱情歌了，唱聖詩吧；我們把心向上帝，為上帝的光榮而神馳吧！」

簡單地說，故事的最後兩人還是回到上帝的懷抱。在這段苦戀的過程中，他們曾是相愛的，只是男的被閹割了就讓女的進修道院；而女的只是為了遵從他的想法就去當修女，經歷一番糾結無望的探索之後，最終他們發現了上帝的愛。這段阿伯拉和哀綠綺思的師生苦戀，有世俗有神性，有甜蜜也有痛苦，轟轟烈烈又曲折戲劇，可以想像得到為何在歐洲相當知名。說真的，看完這故事再看其他故事難免有點乏味，畢竟你已經吃過麻辣鍋，以後再吃別的當然沒什麼感覺了。

青春值得一場偉大的愛情？——《羅密歐與茱麗葉》

接下來的這個愛情經典，在地球上應該可以說是最著名的浪漫愛故事之一吧！英國大文豪莎士比亞的《羅密歐與茱麗葉》雖以悲劇收場，卻被推崇至極，不僅美國的高中話劇表演要演，電影不斷重拍，甚至在一部電影《給茱麗葉的信》裡面，有人有感情問題還會寫信給茱麗葉。但我想問：茱麗葉能懂什麼？她自己不就因為愛情而死了？而且說穿了她也還不到十四歲啊！

大家都很熟悉《羅密歐與茱麗葉》的情節，但一些重要細節卻時常被忽略。比如這麼強烈的愛情，其實只發生在禮拜一到禮拜四，不過四天的時間。而故事的最終是兩人以犧牲來超越家族的仇恨，但如果所有的仇恨都得靠有人犧牲才能化解，那人類還真是學不到教訓。

所以多留意故事的細節處，總會讓你有不一樣的意識與思考，這才是我們重看這些故事的目的之一。

我們先來看看《羅密歐與茱麗葉》的故事背景：

地點：義大利維諾那及曼多亞（第五幕第一景）

時間：星期一到星期四（第三幕第四景）

女主：茱麗葉．卡普萊，不滿十四歲（以現在的話來說就是國一上學期）

男主：羅密歐．蒙太古，十四歲（同理類推就是國一下學期）

是一見鍾情還是剛好而已？

我們先講男主角羅密歐。你以為他只鍾情於茱麗葉嗎？不，其實羅密歐在遇見茱麗葉的前幾天，才跟另外一個女人分手，那個人叫羅瑟琳，然後正在為失戀所苦。所以羅密歐是個跟誰談戀愛都行的人，只是剛好遇到了茱麗葉而已，但很少人注意到這一段。也就是說，他對愛情的執著與對象是誰並無關係。

而茱麗葉在還沒有認識羅密歐之前，也有一個母親為她安排的對象，叫帕里斯。之後，羅密歐跟茱麗葉在一場舞會上相遇，每個人都戴著面具，不知道誰是誰，但剛認識不久，羅密歐就把嘴湊上去，親吻了茱麗葉。

羅密歐：天仙不是有兩瓣朱唇？信徒不也有？

茱麗葉：信徒啊，有嘴唇就該用來念禱告。

羅密歐：好天仙啊，讓嘴唇跟嘴唇，代替手拉手，把敬禮獻上；請允許吧，否則我太苦惱！

茱麗葉：天仙可不遷就，雖說她聽取了，應允了。

羅密歐：那就別動，讓我湊上來，好實現心願了。（吻她）⑧

最後一句，羅密歐說「那就別動，讓我湊上來好實現心願」，結果就吻了人

---

⑧本章譯文引自《新莎士比亞全集．羅密歐與茱麗葉》，莎士比亞（William Shakespeare）著，方平譯，上海譯文出版社，2000年。

家。這要是發生在今天，馬上被告性騷擾。後來茱麗葉要奶媽去打聽這個男的是誰，還自言自語：「要是他結了婚，那墳墓就是我做新娘的合歡床。」如果羅密歐已經結婚了，足以讓她傷心得想死。這一個吻也太不得了了，簡直又是男人的幻想啊！幻想吻了一個女人就是在追求她，因為這樣比較直接簡單，不然接下去也不知道該怎麼辦。

當晚羅密歐就偷跑去茱麗葉家找她，偷聽到她站在陽台上說出經典名句：

「羅密歐，羅密歐啊，為什麼你要叫羅密歐？」

「姓名又算什麼呢？我們叫做玫瑰的，不叫它玫瑰，聞著它不也一樣地香？」

「羅密歐，摔掉你的姓吧，為了補報你失去那沒緊要的姓，把整個兒的我，拿去吧！」

放棄自己姓名，容易嗎？但兩個人滿腦子只想著自己的愛情，沒有想過要怎麼化解仇恨，沒有一個人去想辦法解決，我覺得都是一群傻子。不過，整個故事最傻的是那個目前還沒登場的神父勞倫斯——身為神的僕人還做出那麼笨的事情，我要是神就把他打入地獄了。

「好在黑夜隱蔽我，他們看不見。只要你愛我，讓他們抓到我好了，我寧可這條命，遭到他們的毒手，也不願得不到你的愛，比死還痛苦。」

這段告白後來也被很多人引用，覺得是表達了他們的心聲：為了愛，不顧一切。為愛不顧一切看起來很浪漫，如果真的沒大問題又不影響別人就算了，但常常就出現大問題。

有些人單方面地認為他愛你，你也應該回報他；不回報的話，他要用更多的愛讓你知道他愛你，因此鬧出很大的事件。但對那個鬧出事件的人來講，「事件」就是他的愛情最大的表現。他已經活在一個「我因為愛你所以不顧一切，一定要得到你」的執著漩渦裡，就是恐怖情人啊。

總之，這兩人在花園密會之後，羅密歐就想發誓、互訂終身，但一開始茱麗葉並不想。茱麗葉是比較有理性、分寸的那一個，就像杜麗娘起初也有自己的道德監視系統，有自己的節奏。

至於羅密歐已經被愛沖昏頭了，沒辦法，於是茱麗葉對他說：

「要是你的愛是純潔的，高尚的；你的愛，拿婚姻做目標，明天就給我個口信，明天我會想法派個人來找你，你說好在哪天，在哪兒舉行婚禮，我就把我的命運整個兒都交給你，天涯海角，我的主，我都跟隨你。」

羅密歐為了跟茱麗葉結婚，就跑去找神父幫忙。一開始還被神父念了一頓，神父說：「聖芳濟聖徒啊，這是天大的變化。你把羅瑟琳就那麼容易拋下？——你從前卻那麼愛她！年輕人的愛情，不出於真心，原來全憑著眼睛。」

關於愛情的短暫跟永恆，是個反覆出現、討論不完的話題。羅密歐對羅瑟琳的情傷很短暫，在神父提到羅瑟琳的名字時，顯然羅密歐已經因為認識了茱麗葉，把羅瑟琳徹底忘了。我相信此時的神父基本上不相信羅密歐，覺得這個傢伙年輕沒定性，所以神父願意給他主持婚禮嗎？恐怕是不願意的。只是神父最後還是私下幫忙，因為他希望藉由兩人的結合，化解兩家的仇恨。

創造浪漫與愛的五大元素

但大家也知道，故事的結局並非王子與公主從此過著幸福美滿的日子，而是羅密歐因為殺人鬥毆被流放、茱麗葉被安排嫁給帕里斯。於是茱麗葉情急之下又找神父幫忙，而神父就給她一種假死藥，計畫讓她先假死，再跟羅密歐私奔。神父也派人送信給羅密歐，告訴他茱麗葉是假死的，但送信的人沒能及時把口信帶到，羅密歐以為茱麗葉真的死了，就在她的屍體旁仰藥自盡。等茱麗葉醒來發現羅密歐死了以後，也跟著自刎身亡。

最後神父就出來了，然後兩家人的仇恨也就此化解了——不是透過兩人的結合，而是犧牲。

透過這一章一開始提到的「愛的三角理論」與「浪漫愛的組成要素」來看，羅密歐跟茱麗葉的故事具備了五個條件，以至於後來的人以為「愛」與「浪漫」就應該是這樣：一見鍾情、相互承諾、離別的依依不捨、兩人相互了解的程度、預見後果還是後果出乎意料。

但我個人認為不是，愛情可以有很多種樣貌，只是戀愛與沒愛的人都沒想到。這些條件日後被人誇大到典範的地步，其實很危險，特別是變成一種浪漫的榜樣，卻忘了**這種愛情不是常規，其實是個例外**。

一、一見鍾情

兩人是在舞會上一見鍾情。但就像我們前面提到的，實際研究發現，一見鍾情這種事大概只有百分之十六的可能，大部分的人多半遇不到。也有人喜歡用「緣分」來解釋，很相信緣分，我覺得緣分可以作為事後的解釋，事情發生了你再用緣分解釋ＯＫ啦；要是事情沒發生，你就解釋為我跟他沒緣分啊，那就沒有動力了，只有等待。

所以有人問我對於緣分的看法，我都這樣講的。事後你跟他在一起了，你說當初就是怎麼樣怎麼樣，那都可以解釋啊，反正事情已經成了。就像你走在草原上，然後回頭一看，自己已經走出了一條路，但你走的時候有路嗎？沒有，回頭看那條路，就是你走過的路。

二、相互承諾

親密、激情、承諾是愛情的三大要素，相互承諾對愛情很重要，但後來常常被淡化了。很多人要分手時就兩手一攤，說：「那沒辦法呀，我跟他已經不合。」承諾這個因素已經不見了。或是先生有外遇身旁有小三了，也兩手一攤，說：「沒辦法啊，我在外地就是很寂寞，老婆不能陪伴在身邊，我覺得我們兩個漸行漸遠啊。」承諾也是不見了。

一段愛情走到後來被談論得最少的就是承諾，很多人認為我們已經是老夫老妻了，或者兩個人看起來不像情人像親人，卻忘掉成為「親人」最重要的就是承諾。

三、離別的依依不捨

戀愛時，大家都想黏在一起，不想分離。但是你完全忘掉人生跟什麼東西都一樣，月有陰晴圓缺，人有分分合合，要是每天都在一起，到時候最大的問題就是「每天都在一起」。

愛情需要離別，各自去做各自的事，回來再聊每天發生的事，那麼離別反而是構築愛情的條件了。**愛情就是靠著「思念」和「在一起」交互作用，才會產生好的結果**，不然總是分離或者都在一起，遲早會出問題。

四、兩人相互了解的程度

相互了解的程度是故事會發展成悲劇的關鍵之一。我覺得羅密歐跟茱麗葉相互了解的程度不太一樣，羅密歐比較淺，茱麗葉比較成熟一點，這可能跟性別發展有關係。在青春期的時候，女生通常是比同年齡的男生更成熟一點，無論是生理、心理與社會文化條件上，考慮的事情比較多。男人考慮的大概都是肚臍眼以下，女人考慮的是肚臍眼以上，這或許是最大差別。

而且你在讀這個故事的過程中，應該已經慢慢看出來他們兩人雖然在愛情之中，但是對愛情的看法也不太一樣。所以兩個人的悲劇結局是自然的事，不需要外力的介入，光是內力就讓他們內傷到不行——即使羅密歐與茱麗葉沒死。

五、預見後果還是後果出乎意外

故事中，男、女主角還有神父對於事情的判斷都很有問題，都沒有預見事情可能會演變到最差的結果。沒有深謀遠慮，只有「不管啦，做下去再說」，這種衝動有時雖然能成事，但大部分時候只會敗事。

而且這個故事最讓我大惑不解的地方，就是神父明明擁有權力，代表耶穌、代表上帝的權柄，竟然不能讓別人相信你代表一個更大的力量，必須用犧牲愛情來解決問題。

愛情本身應該是目的，不該是一種手段。羅密歐可以請求神父幫忙化解兩家的恩怨，因為神父不是神的代表嗎？那麼仇恨是不對的啊，聖經上有說要愛你的鄰人啊……有很多方法可以轉圜或勸解，怎麼不去解決主要問題而是解決次要問題，最後次要問題就被主要問題打垮了。但羅密歐跟茱麗葉就是不懂。

不被認可，才是真愛？

也因此心理學上有一個「羅密歐茱麗葉效應」，就是父母對於小孩的感情介入得越深，特別是贊成越厲害或反對越厲害的，常常是得到反效果。反效果的意思是其實小孩不一定那麼喜歡對方，但是因為父母硬要他們分開，小孩就會覺得跟對方在一起是對抗阻礙（父母）的最佳武器。他沒那麼愛對方，但愛可以讓你們生氣。

每個時代都有這樣的父母，也有這樣的孩子，所以時代有進化嗎？是退化吧，我覺得達爾文真的是死不瞑目，應該再寫一本退化論。人類應該要進化，卻都做些退化的事。

很多人都沒想過，羅密歐跟茱麗葉的悲劇可以如何被制止？這是個大家都覺得好悲慘的故事，但最悲慘的不是故事，是這些人沒有解決問題的方法，這才是真的悲劇所在。後來他們兩個都死了，外在阻力竟然就解決了，這種方式也太沒有主動性了，竟然被視為是個偉大的愛情故事，我真的不知道偉大在哪裡？青春與生命是值得這樣的偉大嗎？恐怕不是。

真愛或許只是自己的想像──《梁祝》

看完西方最著名的《羅密歐與茱麗葉》後，東方也有一個相對應的愛情經典──《梁山伯與祝英台》。這個故事大家都很熟，外國人也知道是兩隻蝴蝶的故事（butterfly lovers），但其實最早的版本跟現在流傳的不太一樣，某種程度是後現代、是建構出來的，好比《梁山伯與祝英台》早期版本跟蝴蝶一點關係都沒有。

不過值得一提的是，梁祝是第一個發生在校園的愛情故事。歷史故事很少發生在校園裡，這是《梁山伯與祝英台》很特別但很少人注意的地方。

這個故事簡單地說，就是女主角祝英台女扮男裝到杭州遊學，途中遇到從會稽來的同學梁山伯，兩人便相偕同行。同窗三年感情深厚，但梁山伯始終不知道祝英台是女生。後來祝英台中斷學業，返回家鄉，梁山伯到上虞去拜訪祝英台，然後才知道同窗好友竟然是女的，就準備向祝家提親。

可惜這時候，祝英台已經被許配給馬文才，梁山伯在鄞縣當縣令，過度鬱悶而過世。祝英台出嫁時經過梁山伯的墳墓，突然狂風大起，阻礙迎親隊伍前進，祝英台下花轎到梁山伯的墓前祭拜，但墳墓塌陷裂開，祝英台就投入墓中，然後墓中冒出一對彩蝶，雙雙飛去。

梁祝故事多半說是在晉朝發生，最原始的版本已經失傳，目前發現的最早文本出自唐代文獻。

「清翟灝《通俗編》卷三十七〈梁山伯訪友〉條引唐張讀《宣室志》云：『英台，上虞祝氏女。偽為男裝遊學。與會稽梁山伯者。同肄業。山伯，字處仁。祝先歸二年。山伯訪之。方知其為女子。悵然如有所失。告其父母求聘。而祝已字馬氏子矣。山伯後為鄞令。病死。葬鄮城西。祝適馬氏。舟過墓所。風濤不能進。問知有山伯墓。祝登號慟。地忽自裂陷。祝氏遂並埋焉。晉丞相謝安，奏表其墓曰義婦塚。』」

從這段描述可以得知，當時關於梁祝的故事其實很簡短，而且與後來流傳的版本有幾個顯著的差異，包括：梁山伯告其「父母」為聘，可見他有父有母，但日後的改編，尤其是電視劇都把梁山伯演成單親家庭，沒有父親只有母親。還有這裡提到祝英台許配的對象時，僅以馬氏子稱呼，並沒有馬文才這個名字，也沒有說他是不是有錢，或是貌醜。

後人對梁祝故事也發揮了很多想像，開始「畫蛇添足」。像是發展到明末，馮夢龍《古今小說》第二十八卷〈李秀卿義結黃貞女〉一篇中提到的梁祝，就多了不少之前沒有的部分：

「又有個女子叫做祝英台，常州義與人氏。自小通書好學，聞餘杭文風最勝，欲往遊學。其哥嫂止之曰：『古者男女七歲不同席，不共食，你今一十六歲，卻出外遊學，男女不分，豈不笑話。』英台道：『奴家自有良策。』乃裹巾束帶，扮作男子模樣，走到哥嫂面前，哥嫂亦不能辨識。英台臨行時，正是夏初天氣，榴花盛開，乃手摘一枝，插於花台之上，對天禱告道：『奴家祝英台，出外遊學，若完名全節，此枝生根長葉，年年花發，若有不肖之事，玷辱門風，此枝枯萎。』禱畢出門，自稱祝九舍人。遇個朋友，是個蘇州人氏，叫做梁山伯，與他同館讀書，甚相愛重，結為兄弟。日則同食，夜則同臥，如此三年。英台衣不解帶，山伯屢次疑惑盤問，都被英台將言語支吾過了。讀了三年書，學問成就，相別回家，約梁山伯二個月內可來相訪。英台歸時仍是初夏，那花台上所插榴枝，花葉並茂，哥嫂方信了。同鄉三十里外有個安樂村，那村中有個馬氏，大富之家，聞得祝九娘賢慧，尋媒與他哥哥議親，哥哥一口許下，納彩問名都過了，約定來年二月娶親。原來英台有心於山伯，要等他來訪時，露其機括。誰知山伯有事，稽遲在家，英台只恐哥嫂疑心，不敢推阻。

山伯直到十月方才動身，過了六個月了，到得祝家莊。問祝九舍人時，莊客說道：『本莊只有祝九娘，並沒有祝舍人。』山伯心疑，傳了名刺進去，只見丫鬟出來，『請梁兄到中堂相見。』山伯走進中堂，那祝英台紅妝翠袖，別是一般裝束了。山伯大驚，方知假扮男子，自愧愚魯，不能辨識。寒溫已罷，便談及婚姻之事。英台將哥嫂做主，已許馬氏為辭；山伯自恨來遲，懊悔不迭，分別回去，遂成相思之病，奄奄不起，至歲底身亡。囑咐父母：『可葬我於安樂村口。』父母依言葬之。明年祝英台出嫁馬家，行至安樂村口，忽然狂風四起，天昏地暗，輿人都不能行。英台舉眼觀看，但見梁山伯飄然而來，說道：『吾為思賢妹一病而亡，今葬於此地，賢妹不忘舊誼，可出轎一顧。』英台果然走出轎來，忽然一聲響亮，地下裂開丈餘，英台從裂中跳下，眾人扯其衣服，如蟬脫一般，其衣片片而飛。頃刻天清地明，那地裂處只如一線之細，歇轎處正是梁山伯墳墓，乃知生為兄弟，死作夫妻。再看那飛的衣服碎片，變成兩般花蝴蝶，傳說是二人精靈所化，紅者為梁山伯，黑者為祝英台，其種到處有之，至今猶呼其名為梁山伯祝英台也。

後人有詩贊云：三載書幃共起眠，活姻緣作死姻緣。非關山伯無分曉，還是英台志節堅。」⑨

這篇與原先版本已經非常不同，內文增長的地方還包括：

一、之前的故事提到祝英台的家人多為父母，甚至說父親是員外、地方的有錢人，但在馮夢龍筆下變成兄嫂。

二、祝英台變裝騙過了兄嫂，還插榴花於花台，發誓不做有辱門風之事。這當然也是要讓看故事的人有警醒，說她不是去亂搞、真的是去念書，也看得出中國古代對於少女思春非常恐慌。

三、祝英台始終衣不解帶，梁山伯雖然多次詢問，但總被祝給支吾帶過。

四、祝英台比梁山伯先回家，還跟梁山伯約定兩個月後來訪。為何要約他兩個月後？還有先前的版本是說梁山伯過了兩年才去找她，而這裡是六個月。

五、多了丫鬟的角色。

六、梁山伯知道祝英台為女生，大吃一驚，之前的版本則是描述他「悵然如有所失」。另外當場便談及婚姻之事，而非回告其父母下聘。

七、之前沒有梁山伯的鬼魂，只有墳墓裂開，這一版變成靈異事件了。

八、提到兩人幻化為蝴蝶，還一紅一黑。所以下次看到紅色的蝴蝶，可以問牠：「嗨～是山伯還是英台？」

---

⑨本章內文引自《名家談梁山伯與祝英台》，陶瑋選編，文化藝術出版社，2006年。

愛只能在另一個世界實現？

到了清朝邵金彪《祝英台小傳》，哇，更上一層樓。這一版本最妙的是祝英台掉入墳中、化為蝴蝶之後的發展：

「齊和帝時，梁復顯靈異，助戰有功，有司為立廟於鄞，合祀梁祝。其讀書宅稱『碧鮮庵』，齊建元間改為善卷寺。今寺後有石刻，大書『祝英台讀書處』。寺前里許，村名祝陵。山中杜鵑花發時，輒有大蝶雙飛不散，俗傳是兩人之精魂。今稱大彩蝶尚謂『祝英台』云。」

「梁復顯靈異，助戰有功」，梁山伯這傢伙當鬼都能打仗，厲害吧！中國人厲害就是不靠人打仗，都靠鬼打仗，你以為只有電影《神鬼傳奇》裡面的埃及有這個嗎？中國早就有了。

所以對於梁祝故事的演變，出現了四個重點：醜化馬文才、感情基礎、梁山伯的態度、祝英台的個性變化。

一、「醜化」馬文才

馬文才就跟《羅密歐與茱麗葉》的帕里斯一樣，都是故事的無辜第三者。早期版本也只說是馬氏，根本沒有名字，只是後來為了表達梁祝的愛情堅貞，這個人一定要被設定是丑角，讓讀者認為女主角跟他在一起是沒有前途、是錯誤的，所以祝英台要跟梁山伯在一起，而不是跟馬文才。但如果我們能有另一個想像：馬文才也是個優秀青年，那這故事會變成什麼樣？這種選擇上的困難，才會創造意義，尤其是現代意義。

曾經有個同學跑來找我，問：「老師，我喜歡兩個人。這兩個人也分別都喜歡我，可是我不知道喜歡哪一個？」

我說：「那你原先喜歡的標準是什麼？」

她說：「我希望我的男朋友身高一八六。」

我也不懂為什麼不是一八五，不是一九〇，而是特定的一八六。原來是因為某個她喜歡的籃球明星就是這麼高，一八六就成為她的標準。

我說：「雖然這標準我不贊成，但是妳至少有一個標準。那這兩個人裡面，妳就喜歡身高一八六的那一個。」

她說：「老師，可是他們沒有一個是身高一八六的。」

我說：「那就喜歡那個最接近一八六的。最高的那個是多少？」是一七二。一七二跟一八六是差滿遠的，不過這個女生是一五八，對方一七二，ＯＫ嘛！我覺得身高是沒有任何影響的。

結果她說：「可是我……我……我沒有那麼喜歡他。」

那就更簡單了，就喜歡另外一個人，這不是很簡單？

「可是他沒有一八六。老師，這抉擇很難鉤？」

再說下去我真的想咬舌自盡了。我只好說：「同學，其實不然就不要跟這兩個人在一起，繼續等待一八六的那個人出現。」

說真的，有時候的難以抉擇，其實都是自己造成的。

二、情感基礎

梁祝求學期間的關係是怎樣？一般都沒有特別鋪陳，或者大概輕描淡寫地說「兩人相談甚歡」，所以他們的感情到底好在哪裡？還有早期版本描述梁山伯發現祝英台是女的，「悵然若有所失」，所以他愛的是變裝的祝英台，難道他是「同志」嗎？後來的故事又盡量捨去這一句，變成他只是一開始嚇到，「喔！原來她是女的」，馬上又覺得很好，因為這樣就可以跟她結婚。

三、梁山伯的態度

為什麼一位飽讀詩書之人，卻無法得到祝英台父母的青睞？沒有得到祝家父母的青睞，梁山伯為什麼沒有努力爭取？只說因為她要嫁給馬文才，這一切就不可改變，但他不也是一個縣令嗎？官也不算小啊！我覺得這是梁山伯沒有充分意識自己的能力所在，展現自己要跟祝英台在一起的決心，然後用「抑鬱而終」這種方式來抓住活人。

即使到了二十一世紀，有些極端愛情的案例在感情出問題、自己想不開的時候，也是用死相逼——我死了，看你們活著的能怎樣？然後還要穿紅衣、紅褲、紅鞋去當厲鬼。問題是你真的聽過誰變成厲鬼，然後把負心的渣男吃下肚嗎？哪個渣男不是照樣活著？有幾個渣男會因為前女友為他自殺之後，忽然間被酒駕撞死了？連這種都沒有啊，所以千萬不要去想著用死亡來報復誰，這是一種奇怪的願望，而且不會實現。

四、祝英台的個性轉變

當初祝英台既然敢違反社會習俗、變裝上學，為何之後不敢繼續反抗，爭取讓父母將自己許配給梁山伯，而只能委屈地在經過梁山伯的墳墓時，做出驚人之舉？古代女性要能念書是需要很大的勇氣，為什麼祝英台念了書之後，反而沒有勇氣去努力跟自己愛的人在一起？她的勇氣跑去哪裡了？難道祝英台念完書以後就變懦弱了，愛情也被禮教束縛了？

當你把整個故事看過一遍之後，說真的，這段感情問題真的很多，但最重要的是他們都沒有發揮人類主動的力量。雖然私奔在古代也是大逆不道的行為，但如果梁山伯跟祝英台這麼相愛，為什麼不私奔，情願選擇死亡？然後墳墓還要裂開，感人地飛出兩隻蝴蝶？

依這樣的邏輯來看，無論是羅密歐與茱麗葉還是梁山伯跟祝英台，都只是印證了：愛沒有那麼偉大，愛也不能解決一切，「真愛堅貞」或許都是自己的想像而已。因為對這兩對青春戀人來說，活著抵抗世界大概比悲傷地死去更艱難更痛苦，而愛情得在另外一個世界才能實現。

愛情可貴，人生也是

這四個浪漫愛故事都有一個共同主題：**愛情是命運注定還是自由意志**？比如在羅密歐和茱麗葉知道對方的身分時，該怎麼想、可以怎麼做？很多人在談愛情的時候，就是兩手一攤：「我就等待緣分嘛！沒辦法，這是命嘛！」我坦白告訴你，這都是人的選擇。

目前為止所討論的愛情經典在這本書裡都被講得很不怎樣，是因為故事中的主角看似愛得轟轟烈烈、傷痕累累，搞得大家都覺得年輕時好像沒有談過很戲劇性的愛情就是浪費青春、不夠浪漫，以後沒東西拿來說嘴一樣；可是他們行為卻是消極抵抗，就這樣臣服於命運的擺弄，透露出一種「反正命運就是這樣，我們就是沒有緣分啦」的氣氛。

二〇一一年時，有一部愛情電影叫《真愛挑日子》（One Day），很多人喜歡這部片，男女主角起初彼此有點好感，但決定只當好朋友。兩人相約某月某日都要一起度過，接下來的二十年也都保持這個約定。

有人覺得這種情節很浪漫，但我覺得這是兩個懦弱的人不願意踏出第一步而做出的懦弱決定。他們歷經了二十年才確認真愛，這不是愛情的奇妙，是不面對自己真正的需要還在那裡不斷尋找、蹉跎真正的需要，這叫自欺欺人。如果你真的喜歡一個人，為什麼不現在就試？

有的人會說：「某個人跟我告白，我覺得他不錯，有點心動，但是又很擔心。

因為如果我跟他在一起，萬一之後有個更好的人出現，我該怎麼辦？」怎麼辦？那就跟更好的人在一起啊！只是萬一沒有一個更好的人出現時，你要怎麼辦？

為什麼認為會有一個更好的人在等著你呢？因為在你心中，其實眼前這個人還不夠好。

你們大概都聽過這個故事，有人叫另一個人：「你去沙灘走一圈，然後撿一個最大的石頭回來。」大部分的人都撿不了石頭回來，因為他們總覺得下一個石頭會更大。

這世界上的愛情，有些是有情人終成眷屬，那是美麗又圓滿的故事；有些是有情人無法終成眷屬，那是無奈淒美的故事。如果你愛的人也愛你，這個世界就平安無事，我們也不用寫這種書了啦！只是也會發生你愛的人不愛你，你不愛的人卻深愛著你的故事，而這些不是「有時候」才發生，這比有時候更常發生。

你永遠不知道自己會跟什麼樣的人在一起，但大家都應該知道：你可以選擇跟他／她在一起，也可以選擇不要在一起；你可以選擇堅持，也可以選擇放棄，但千萬不要說這是命運。

我覺得把什麼都推給命運是很不負責任的說法，不然你就躺在家裡不要出門，什麼事都不要做啊，反正一切都命嘛！才不是呢，**你碰到他／她也許是命運，但你決定要或不要跟他／她在一起，絕對不是命運，是你自己的決定。**

04 Let go

放下

「上山採蘼蕪，下山逢故夫。
長跪問故夫，新人復何如？」

——〈上山採蘼蕪〉

那些放不下的傷

我們在第一章的時候曾經提到，以社會學的角度去解讀愛情，愛會是一種「社會過程」：人跟人彼此互動來往、持續活動而建立社會關係的過程。而愛情的社會過程也會因為發展差異而形成五種不同類型：理想型、傳統型、外遇型、無果A型、無果B型。

但無論是哪一種類型，一段關係會有開始也一定有結束。情侶分手、夫妻離婚、外遇、死亡，這四個都是關係結束的形式，對現代人來說這些形式的結束並不少見，尤其是情侶分手。但

相識、戀愛、婚姻、家庭的幾種主要排列組合：

理想型	相識⟶戀愛⟶婚姻⟶家庭
傳統型	婚姻⟶家庭⟶相識（和配偶）⟶戀愛（和配偶）
外遇型	婚姻⟶家庭⟶相識（和外人）⟶戀愛（和外人）
無果 A 型	相識⟶戀愛⟶分手
無果 B 型	戀愛⟶相識⟶分手

是對感情觀是從一而終或白頭偕老的中國古人來說，分手、離婚之類的都是非常劇烈的衝擊，分離（遠距離）也是很難克服的障礙。

所以這一章，我們要回到古代，從古人的創作中去窺探當時的人們怎麼面對失敗的感情與不得不的分離。或許就算時空相隔千百年，那些放不下、失去與受傷的心情，其實一直跟你遙遙呼應。

新不如舊還是舊不如新——〈上山採蘼蕪〉

關於離婚的古詩呢，南朝的徐陵編選的《玉臺新詠》內有一首樂府詩〈上山採蘼蕪〉，非常具有代表性；內容基本上就是一對離婚夫妻在路上偶然重逢時的場面，沒有正面或情緒性的描寫，卻以對話相當傳神地表現前任相遇的情境。

上山採蘼蕪，下山逢故夫。
長跪問故夫，新人復何如？
新人雖言好，未若故人姝。
顏色類相似，手爪不相如。
新人從門入，故人從閤去。
新人工織縑，故人工織素。
織縑日一匹，織素五丈餘。
將縑來比素，新人不如故。

「上山採蘼蕪，下山逢故夫」。在中國古代，如果家境不是很優渥的話，大概家裡的人都得去勞動，所以你沒有經濟勞動力，你的價值就是非常差的。第二句「長跪問故夫，新人復何如」，很讓人錯愕，什麼?!看到前夫還得長跪？還要跪著問他，唉，你那個新太太，你跟她相處得怎麼樣？然後前夫就說啦，「新人雖言好，未若故人姝」，意思是新人不錯是不錯，但沒有你漂亮。這句話其實是講給前妻聽，讓她不要太難過，畢竟前夫也不能說，唉，一切不如你啊！要是一切比不上前妻，那當初為何要把前妻休掉？不是自打嘴巴？所以一定要兩邊都各講一點。

當然在古代，愛情不是男女結婚的重要因素，甚至不是必要因素，有可能只是因為女性的生產力很高，所以「新人工織縑，故人工織素」，就是說新人的生產力高，可以織縑這樣市場價值比較高的東西，而故人只能織素、沒什麼花紋的布，所以經濟生產力偏低。但弔詭的是最後一句卻又說：「將縑來比素，新人不如故。」雖然是這樣，她還是沒你好啦！這種「新不如舊」都是話術，是對失敗者的安慰，只是讓對方心裡比較好過而已。

安慰失敗者的社會學研究

美國當代社會學大師厄文．高夫曼（Erving Goffman）很早就在研究如何安慰失敗者。他怎麼研究呢？因為他在賭場打工，聽說是發牌的荷官，他就選擇賭場作為研究環境。賭場裡有一種工作是安慰賭客的情緒，讓他輸了錢以後還會再來。當然賭徒心裡都覺得「我今天在這裡手氣不好，明天就換個手氣好的地方或機器」，然後穿什麼紅色內衣褲之類的，一定能翻本！但這想法本身就是一個大陷阱，因為他永遠不可能就這樣翻本。能這麼容易翻本的賭場還在那裡幹嘛？為什麼賭場能一家一家地開？就是你贏不過它的。

賭場安慰賭客的方式永遠是說服你「下一次就有機會」，就像要中樂透頭獎的機率非常低，但每次都告訴你：「上看15億啊！趕快去買啊！」你買了沒中呢？「下一次大家都有機會！」安慰失敗者的方式之一就是騙他還有希望。但這方式道德嗎？

也有很多人在分手的時候狠話說盡，其實都是做不到的，然後又後悔一輩子，只因為說了狠話好像輸人不輸陣，看起來我沒輸；不然對方要分手我就默默接受，顯得很沒用，就說些「你走就走誰稀罕」這種話，講得好像不在乎，其實心裡在乎得很。不然就是說「好啊你走啊反正我從來沒有喜歡過你」、「走就走啊以為我這輩子就沒有別人會喜歡我喔」諸如此類，總之都是些賭氣的內容。但是要賭什麼？

失戀時就是心情混亂，越混亂就越難把應該好好說的話表達出來，混亂到最後就變成後悔，何必呢？

這首詩的情境也正符合愛情社會過程類型中的「無果A型」，無果的意思是指沒有在一起啦！但有時候，沒在一起並不一定是壞事，尤其從長遠來看。在當下，你當然希望自己能跟喜歡的人在一起，但是拉長遠來看，**有時候你喜歡的人不跟你在一起，可能是你這一生最大的幸福，因為你保有最美好的回憶，也不必增加人生後來其他的苦痛。**

離婚再聚首——〈釵頭鳳〉

除了〈上山採蘼蕪〉，也是為分手後重逢所寫的古詩，最著名的應該就是宋朝詩人陸游與前妻唐氏所寫的〈釵頭鳳〉。陸游與唐氏是青梅竹馬，兩人婚後原本幸福美滿，可惜陸游的母親不喜歡這個媳婦，最後還是逼得兩人離婚，陸游改娶王氏，唐氏也改嫁他人。

多年後，陸游在沈園巧遇唐氏，感慨地寫下〈釵頭鳳〉：

紅酥手，黃縢酒，滿城春色宮牆柳。
東風惡，歡情薄，一懷愁緒，幾年離索，錯！錯！錯！
春如舊，人空瘦，淚痕紅浥鮫綃透。
桃花落，閒池閣，山盟雖在，錦書難託，莫！莫！莫！

唐氏看到以後也唱和——很像 facebook 朋友先按個讚再回應你：

世情薄，人情惡，雨送黃昏花易落。
曉風乾，淚痕殘，欲箋心事，獨語斜闌。難！難！難！

人成各，今非昨，病魂常似鞦韆索。
角聲寒，夜闌珊，怕人尋問，咽淚裝歡。瞞，瞞，瞞！

陸游與前妻的故事很符合愛情社會過程的「無果B型」，戀愛相識最後卻分手。只是大多數人看不透這個結果，總希望「我要跟他在一起才是幸福，我不跟他在一起就是難過」，所以失戀時過度憂鬱，甚至連命都不要。但這真是沒有必要的，你一旦沒了生命，就看不到未來的可能與發展。

陸游因為母親的一己之見使得夫妻不得不分手，各自嫁娶，最後唐氏和了〈釵頭鳳〉之後也鬱鬱而終，看起來悲情得很淒美。你當然可以喜歡〈釵頭鳳〉，或者為了兩人如此深情而感動，只是這樣的情節也很像楚囚對泣，愛得只有深情、沒有做法，或是只有想法卻沒有辦法，然後只要有人死了，最後就成為偉大感人的愛情故事？實在不值得驕傲。

分離是心理的遠還是身體的遠？——〈冉冉孤生竹〉

除了離婚和生離死別之外，還有一種「分開」叫做遠距離。在這個時代，很多人仍然會擔心遠距離戀愛，但現在的距離遠或不遠，其實是相對的概念。何況社群跟通訊軟體都這麼發達，要現代人發訊息之後等個十幾二十分鐘還沒收到回應，就緊張得好像訊息丟到哪裡去了一樣，最希望世界末日時自己是第一個知道的人。不如想像如果你穿越回到《古詩十九首》的魏晉南北朝時代，那時候你要等一封信，收到愛人的消息要等多久？

《古詩十九首》是中國古代五言詩的選輯，裡面所展現的愛情大多發生在魏晉南北朝時期，那個年代的儒家還沒有變成太強烈的形態，還沒有經過宋朝的理學家過度僵化的解釋，因此很多地方看起來還是滿自由奔放的。

古詩〈冉冉孤生竹〉就是個兩地相思的故事，寫的是才剛新婚，就因為丈夫去遠方工作而分離的相思與無奈之情。

冉冉孤生竹，結根泰山阿。
與君為新婚，菟絲附女蘿。
菟絲生有時，夫婦會有宜。
千里遠結婚，悠悠隔山陂。
思君令人老，軒車來何遲。
傷彼蕙蘭花，含英揚光輝。
過時而不采，將隨秋草萎。
君亮執高節，賤妾亦何為？

這通篇表達的是女方的相思，其中一句「思君令人老」雖然浮誇了點，卻相當傳神也常常被後人引用。以現代來說這是一種滿有意思的比喻，想你想到人都老了，這樣人家還會想要跟你在一起嗎？你都已經是老頭啦！但古人卻是「思君令人老」也沒問題。

還有「軒車來何遲」，意思是我想你想到瘋了，你都沒來接我；「過時而不采，將隨秋草萎」，你再不來，我就會變成枯萎的秋草了，總之，你要趕快回來。

相較於古代女性對於感情表達的細膩，或是把深情與大膽藏在文字間，古代男性表達的感情通常就沒這麼細緻，或許是受到傳統社會期待的影響，比如男人不應該表達出對情感的過度依賴、這樣不夠man，是個大男人怎麼可以想家呢？男人應該想的是國家政治這種大層次的事情，想著老婆小孩，你會有成就嗎?!這或許是社會希望的，但我並不認同。

離開與被留下的——〈悲與親友別〉

最後來看《古詩十九首》的〈悲與親友別〉，描述一個丈夫去追求前程、被拋棄的女子的心聲：

悲與親友別，氣結不能言。
贈子以自愛，道遠會見難。
人生無幾時，顛沛在其間。
念子棄我去，新心有所歡。
結志青雲上，何時復來還？

「道遠會見難」，人家那個時代的遠距離這麼遠，現代人都不好意思說自己在談遠距離戀愛了。以現代社會來說，「遠」跟「距離」真的大多是相對概念，有時候的遠距離，真正「遠」的是心。處在喜憨期，感覺兩個人心意相通、超有默契的時候，不管人在哪裡你都覺得很靠近很安心；但如果兩個人無法溝通了，人在旁邊你都覺得遠到不行啦。這種已經不是物理上的距離（Physical distance），而是心理距離（Psychological distance），也可以說是你的社會距離（Social distance）。

一九二五年，美國社會學家艾默理．鮑加迪斯（Emory S. Bogardus）提出了一個「鮑氏社會距離量表」（Bogardus social distance scale），一開始是用來測量人們會不會與自己不同種族或群體的人來往，現在也被應用於測量社會階級、人際關係（親疏遠近）或宗教群體等不同面向。

鮑氏社會距離量表的設計結果會呈現一個人對某一群體的偏見越深，就越不願與對方有互動。研究者會根據主題設計一套問題，每個問題會反映不同的社會距離，受試者則根據自己的實際想法與第一反應回答問題，並選出自己能夠接受的社會距離（也可稱之為「關係」）。

量表中總共有七種社會距離（關係），由近至遠分別是：

一、建立親戚關係或與對方通婚
二、成為鄰居
三、參加同一個俱樂部與對方成為好友
四、讓他在這裡（國家）從事我所從事的職業
五、讓他在這裡（國家）定居
六、只讓他在這裡（國家）訪問、遊覽

七、把他驅逐出境

這個量表的問題是在物理距離上逐漸逼近，但慢慢逼近之後，你就會發現物理距離有時候代表的就是心理或社會距離。人跟人之間都有這種社會距離，真正決定一段感情能不能穩定發展下去的關鍵，其實還是在於看不見的這種距離啊！

從「我們」回到我

在愛情關係中，我們（自我）都會在不同的階段或面向中不斷改變——戀愛前的自我、期待愛情中的自我、熱戀中的自我、冷戀中的自我以及失戀中的自我。

很多人在戀愛前，自我是很快樂、很滿足也很好的，只有在情人節那一天例外。情人節那天你會覺得單身好像是個很大的問題，但是情人節以外你都覺得很OK，一個人過很好。然後到了期待愛情的自我，你開始想要談戀愛，心裡有喜歡的人，也就希望你喜歡的人能夠回應你。

等你戀愛了，進入熱戀期、也就是我之前說的喜憨期，那更不用講了，熱戀中的自我就跟荷爾蒙分泌一樣，完全與平常的你不同，對世界的看法也不同了，連眼睛裡都會散發粉紅色的光芒，可能看什麼都變得很可愛。

但你不可能一輩子都在熱戀，有熱戀也有冷戀嘛，熱情總會降溫，你也會沉澱下來，冷戀中的自我又跟之前不一樣了。最後，如果這段關係沒能繼續下去，你失戀了，失戀中的自我再次轉變，你忽然間不能一個人了，一個人就不ＯＫ了。

每次失戀的同學來哭訴：「老師，我不能沒有他啊！」我都很冷酷地回答：「你根本是自欺欺人。」什麼意思？來，我們時間倒帶一下，咻～～你們不認識的時候是T0，認識時是T1，T1－T2是你們戀愛時，T3是愛情結束時。你現在在T3痛苦，是因為認識時（T1）跟現在一對比，天差地別當然難過。

但你要不要再倒帶，倒到你不認識他的時候（T0），你不是也活得好好的嗎？什麼叫你不能沒有他？你根本就有過沒有他的日子，而且比擁有他的日子還長，你也活得好好的！

「你們」共同有過一段很好的時光，只是後來你們分手的這段日子比較難受。「什麼叫你不能沒有他呀？你騙誰！」我常常這樣當頭棒喝打醒人家，然後他們從此就不來找我了，也不知道是他清醒了，還是覺得老師沒有同理心就不理我了。

我們每個人都會因為喜歡的人也喜歡自己而快樂，因為對方不喜歡、不回應自己而受傷難過，這是所有人都有的情緒，很正常。但是傷心的情緒該怎麼發洩，能不傷害自己也不傷害別人？就是很高明的藝術，也是自己對自己的愛。即使失去一段關係，也不要悲傷過度，失戀後開始不吃不喝、消沉憂鬱，甚至開始傷害自己。

你傷害自己對誰有好處？幻想「也許他就會來看我」？然後呢？為伊消得人憔悴，就靠這一套嗎？為什麼你不能靠健康的自己去努力復合或走出情傷，一定要搞到自己很難過，造成對方的愧疚，然後他再回頭？

關係的開始與結束

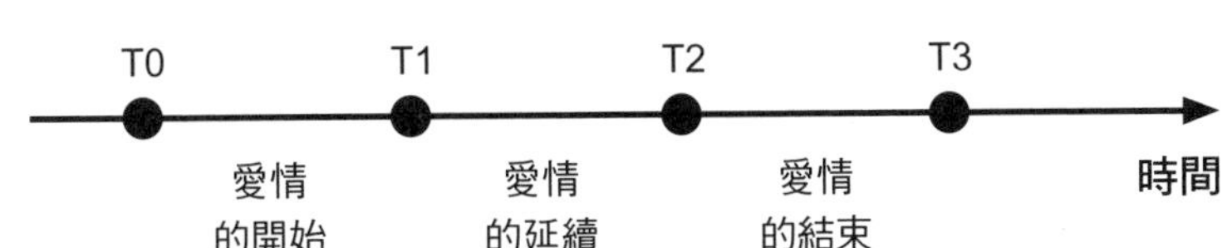

到了T3這個階段，對方不愛了，已經變成天經地義的事了。你也可以反過來想，有一個人喜歡你但你不喜歡他，怎麼辦？難道你要勉強自己跟他在一起嗎？勉強、將就去維持的關係是你真的想要的嗎？有人可能是沒魚蝦也好，有人則認為騎驢找馬，反正驢都來了，馬應該也不遠了。那如果來了頭騾子呢？

無論是正在失戀的人，或者你的朋友失戀了，我希望大家都能從另一個角度去修復、去安慰：**你本就是一個完整的人**。T1的時候你是你、他是他，你們兩個是個別完整的人。T2的時候你們相識，你們是一個完整的二元體，但你還是你、他還是他——大多數人都沒意識到這一點，認為你們兩個只是「一個」。

直到關係破裂了，之後你又是你、他又是他，但這時的你帶著兩人在一起的回憶，即使身體不在一起，回憶還在。如果你能了解這種智慧，學著享受曾經愛過的美，就能夠早點走出失戀的痛苦，放下傷心，開啟修復的過程。

至於從放不下到放下要傷心多久？傷心時該怎麼辦？傷心時就哭啊，是人都會哭嘛！這沒辦法的事嘛，不然發明眼淚幹嘛呢？

05 Well-Wish

成全

「我從不把這看做選擇，而視之為必然性，
這樣說甚至也勉強呢，因為這到最後也許只是機遇。
機遇造就關係。」

——歌德／《愛的親合力》

如果「我們」不只兩個人

在這世界上，外遇的故事大概是以7／24的頻率發生。就算沒發生在自己身上，朋友互相問一問，十之八九有人親身經歷過。之前有個導演拍了一部跟第三者有關的電影《女士復仇》，劇情安排讓正宮、小三聯合起來殺死渣男跟小四。當時導演接受訪問自爆曾經是個劈腿二女的渣男，最後也被另外一個女人劈腿。所以他金盆洗手、浪子回頭之後，就想拍一部讓女人對渣男大開殺戒，讓她們也能發洩情傷的電影。

但殺死渣男跟其他外遇對象的做法，只是電影或戲劇用來滿足、發洩慾望的想像，在現實生活中這樣做，不僅是犯罪，對感情、對自己也完全沒幫助。如果「我們」之中不只是兩個人，在向來歌頌真愛、一生一世的愛情故事當中，也有這樣的經典嗎？

偶然還是必然？——《愛的親合力》

你大概知道十八世紀文學家歌德（Goethe）最有名的作品是《少年維特的煩惱》（Die Leiden des jungen Werthers），或者也聽過另一本巨作《浮士德》（Faust），但很多人不知道他還寫過一本書，叫作《愛的親合力》（Die Wahlverwandtschaften）或譯作《親合力》。

《愛的親合力》可能是第一本備受知識分子喜愛的外遇小說——尤其是有外遇的知識分子，覺得終於有人get the point。這本書的英文譯名為Elective Affinities，意思是「選擇性親近」，原來是個化學概念，表示原子或化合物可能會與不同的原子或化合物產生化學反應。歌德在這裡用來說明主角之間的分分合合，特別是婚姻也阻擋不住外遇這種「選擇性的親近」。也因為這本小說，讓選擇性親近日後變成社會學中的基礎概念之一。

甚至德國社會學家馬克斯・韋伯（Max Weber）在一篇學術論文裡，曾經出現過一句話：「所謂外遇（Extramarital sexual relationship）就是婚外的性關係，就是男人（Man）跟生命泉源的自然連繫。」①讓知識分子更覺得，對啊，人怎能沒有外遇呢？

在十九世紀末到二十世紀初期，韋伯研究基督新教的理論跟現代資本主義的精神之間，有一個因果關係，而他形容這個因果關係時，使用了「選擇性親近」這個詞，選擇性親近之後也被社會學研究者當成很普通的東西。不過是到後來才慢慢有人知道，「選擇性親近」這樣的說法其實是來自歌德的小說。

外遇是人性的選擇？

《愛的親合力》的故事大綱是這樣，剛開始的主角是一男一女，男主角叫做愛德華，女主角叫做夏洛蒂。起初，兩人非常相愛，可是兩人都很窮困，沒辦法結合，因此後來他們只得各自跟別人結婚。

但兩人分別跟誰結婚並不重要，反正這時就是各自有婚姻。如果這個故事到這裡就結束也太簡單了，或者也可以說這個故事能夠在很多轉折處完結，但是都沒有，因此故事厲害的地方就在後面。

接著，兩人的配偶都死了，於是他們繼承了一堆遺產又非常快樂地活著結合——如果在這時，愛德華跟夏洛蒂終成眷屬，那也是個結局啊，對不對？但是沒有。他們雖然終成眷屬，卻覺得既然繼承了一塊地，那就來建設這個地方好了。只不過土地太大了，於是愛德華找了一個上尉好友奧托（Otto），而夏洛蒂把姪女奧狄莉（Ottilie）帶過來，想說大家一起經營這塊地。

所有看小說或連續劇的人都知道，只要劇情有新的角色出現，那一定要出事了。果然就如大家所猜的，愛德華愛上奧狄莉，夏洛蒂也跟上尉產生情愫，只是他們的感情不如愛德華、奧狄莉的衝動熱情，有較多的禮教約束。

①參考《久等了，韋伯先生》，孫中興著，聯經出版，2019年，218頁。

但是，雖然兩人各自愛上別人，卻還是在履行夫妻義務時懷孕了。這個僵局怎麼結束呢？奧狄莉負責照顧愛德華跟夏洛蒂的小孩，卻不小心讓小孩在湖裡淹死了。奧狄莉非常難過自責，因此後來她也死了。

而上尉覺得自己跟夏洛蒂之間應該發乎情、止乎禮，不應該跟她繼續下去，因此選擇離開。然後對於奧狄莉念念不忘的愛德華也傷心而死。

我覺得寫小說的人到後來寫不下去或沒梗了，是不是乾脆都安排讓大家死光光？反正死也不用錢，這故事的最後就剩下夏洛蒂一個人。

但最妙的是在小說的最後一段，後來也有些社會學家喜歡引用這段話——愛德華跟奧狄莉「兩位相愛的人就這樣並臥長眠。和平在他們的墓穴上飄蕩，與他們相似的快活天使從穹頂俯視著他們。倘若有朝一日他倆再度甦醒，會是多麼歡樂的時刻啊」②。

倘若有朝一日他們再度甦醒過來，那該是一個怎樣歡樂的時刻？問題是只有他們歡樂，別人呢？

外遇是不可抗拒的化學變化？

現在讓我們回到《愛的親合力》書名的概念，所謂「選擇性的親合力」是一個化學上的狀態，就像上尉與奧狄莉加入愛德華與夏洛蒂的關係後，四人之間就產生了變化。書中的主角們也討論過親合力與關係，像是夏洛蒂說：

「……使用『選擇』和『親合力』這些美好字眼，最好先沉思反省，藉機會深慮這些詞語的價值。遺憾的是這類情況我太熟悉了，看起來密切不可分的結合兩人，由於第三者偶然介入而離異，先前美好結合的一人則被驅逐而流離失所。」講得差不多就是書名的概念。

②本章譯文引自《愛的親合力》，歌德（Johann Wolfgang von Goethe）著，高中甫譯，商周出版，2005年。

而上尉奧托說：

「吸引、親合、分離、結合，總是交錯發生，四者迄今仍是兩兩成對，一經相互接觸，那迄今存在的結合便解體，開始重新結合。在這放棄和捕捉、逃逸和追求上，人們確實可以看到更崇高的使命，相信這些物質有意志和選擇的本性，並認為親合力這術語完全理由充分。」

「我可以用符號簡短概述。您設想一個A，它與B密切結合在一起，用多種手段和某些強力都不能把它和B分開；您再設想一個C，它同樣與一個D密不可分。現在您讓這兩對相互接觸，這時A投向D，C投向B，而人們不知道究竟是誰先離開對方，誰先和另一個重新結合。」

「就是這樣！」愛德華插了進來。「直到我們親眼目睹一切前，我們把這公式看成一個比喻。從比喻中直接引導出一個有用的教訓。夏洛蒂，設想妳是A，我是妳的B，因為我只依附於妳，跟隨妳，就像B跟A一樣。很明顯上尉是C，他使我從妳身邊疏遠一些。為了不讓妳漂泊不定，該設法弄一個D來，毫無疑問就是可愛的奧狄莉小姐，妳不要再反對她來了。」

可以說這幾段文字就界定了書名的概念，也說明了四人間的糾葛。故事中的人物也曾就婚姻、愛情、離婚等議題有過相關談話。奧狄莉的友人米德勒便提出傳統婚姻的觀念：

「誰破壞了婚姻，」他叫喊起來，「誰用言詞，甚至用行動埋葬所有道德社會的基礎，他就是在跟我作對。當我奈何不了他時，就決不跟他打交道。婚姻是所有文明的肇始和頂峰，它使粗魯變溫順，沒有比這更好的機會讓最有教養的人表示溫順。婚姻不可解除，因為它帶來那麼多幸福，任何個別的不幸都將變得微不足道……夫婦離異絕沒有充足的理由可言。人處在極度的痛苦和快樂中，夫婦間彼此的恩怨根本無法估量。這是一筆無盡的債務，唯有通過永恆才能償還。」

米德勒也談論《聖經》「十誡」中的「第六誡」——不可姦淫：

正在當兒奧狄莉走了進來。「『你不應當姦淫。』」米德勒繼續說：「這句話多粗野下流！換種說法講，聽起來便全然不同了：你應當敬畏婚姻，看到一對夫妻相愛應分享其喜悅，如同分享風和日麗的喜悅。他們的關係若出現陰霾，要設法代為澄清，設法去緩解勸慰，使他們明瞭彼此的優點，以高尚無私促使他人幸福，使他們感受到，夫妻不可分離的義務會生出何等幸福！」

而奧狄莉正是因為聽到米德勒的這段話，變得心力交瘁，沒多久就死亡了。

愛德華則對米德勒表達自己對奧狄莉的愛：

「您不要笑，親愛的米德勒，或者隨您笑好了！哦，我不會因這種眷戀，這種您認為愚蠢瘋狂的愛戀感到羞愧。不，我從沒有真正戀愛過，現在才感受到什麼是愛。在我認識她、愛上她，真實地愛上她之前，我生平的一切不過是個序幕，只是在混日子，打發時間。」

「雖然這種才能悲戚、痛苦、充滿淚水，但是在我而言是如此自然特殊，難以再度放棄。」

愛德華也和奧狄莉說起對孩子的看法：

「這是妳！」他喊道：「是妳的眼睛。啊！讓我只看妳的眼睛。讓我把賦予這孩子生命的不祥時刻遮蔽起來。丈夫和妻子同床異夢，陌生地擁抱在一起，熱烈的相思褻瀆了合法的結合。我該用這悲傷的思想驚擾妳純潔的靈魂？也許沒錯，我們已到了這地步，因為我和夏洛蒂的關係必須結束，因為妳會成為我的，為何我不應當這樣說呢！為何我不該說出嚴酷的話：這孩子生於雙重通姦！這孩子致使我與妻子分離，使妻子與我離異，他本該使我們夫妻結合在一起才是……我只有在妳懷裡才能贖清我那次犯下的過錯罪惡！」

至於夏洛蒂同意離婚的最後考量則是：向命運低頭。

「我明白現在許多人的命運掌握在我手中。該怎樣去做，我毫無疑問，並且很快就要宣布。我同意離婚。本該早就做出決定，由於我遲疑不決和反對，孩子死了，是我殺死了他。某些世事由命運頑強地主宰著，理智、德行、義務和一切神聖要對抗它都無濟於事。它認為對的事必然會發生，我們反對也不行。無論我們怎麼做，終歸敵不過命運。」

奧狄莉對夏洛蒂的最後交代：

「我像從前那樣下了決心，現在為何做出這樣的決定必須讓妳知道。我永遠不會成為愛德華的人！上帝以可怕的方式睜開了我的雙眼，我犯下了什麼樣的罪過啊！我要為此贖罪，沒有人能改變我的主意！」

決定關係的五個要素

透過《愛的親合力》對於愛情與外遇的解釋，其實可以看出三角關係具有五個決定要素：關係位置、歸因推論、執著的重點、誰來決定結果、做出決定的依據。

一、關係位置

一般的外遇情況看起來是人數三個，彼此只有誰愛誰的關係，但如果以關係與位置的概念來看，他們之間應該是——外遇者與原配、外遇兩人組、外遇者之外的其他兩人，互為強弱，所以是三個人的三組強弱關係。

只是我們常講的三角關係是一個的三角關係，但在《愛的親合力》中，嚴格來說是兩個三角關係；只是上尉跟夏洛蒂的關係相對而言比較弱，因為他們似乎對愛德華沒有任何困擾。因此這是兩個不太對稱的三角關係。

二、歸因推論

通常討論外遇的原因，會出現「命運安排」或是「自我選擇」兩個沒有交集的因果推論。大部分的人認為自己會跟誰在一起是命運的安排，但我認為那還是自我選擇。歌德大概在某種程度上也認為這是「選擇」，所以才是「選擇性的親近」。你可以選擇做，也可以選擇不做，就像喝酒抽菸都是可以選擇的。了解自己的選擇是什麼，也能做出正確的選擇，我覺得這是對自己、對愛情都很重要的一件事。

三、執著的重點

執著的重點通常有這幾個——先來後到、感情的有無、今昔對比。但我覺得無論執著於哪一個，彼此都是沒有交集的世界。「先來後到」的堅持通常會發生在原配身上，原配的台詞大半是：「你搶人家老公、老婆或搶人家男友、女友」之類的，但這些其實是已經要輸的人才會講的話。因為當她／他用先來後到當成支撐自己的理由時，就是非常搖搖欲墜了，代表那個人已經沒有東西可以掌握了。

所以真正能夠掌握的人（通常是小三），會使用的理由就是感情的有無。他們會說：「那我跟他／她有感情的話，會跑到我這裡來嗎？」通常講出這句話真是打得大老婆啞口無言。以前有個日本女星因為介入別人婚姻，被冠上「魔性之女」封號，她曾經講過一句非常有名的話：「外遇是最純真的戀情。」人家說的姦情，到她那裡變成了真情。

還有人會用今昔對比，搬出「當初我們也是很相愛的」，但那是當初，現在他們相愛而你們不相愛了。如果你認為相愛是重要因素的話，此一時也已經彼一時了。所以陷入三角戀愛或關係的人要是很痛苦是苦在這裡，因為他要思考的因素太複雜，然後每個人想的層次不一樣的時候，也幾乎沒辦法溝通。

那麼結果呢？故事裡的結果就是有人死去，不止一個，還死了兩個人，死的就是那兩個看起來姦情最堅貞的。但一般現實生活的三角關係，大半最後是回到原本的位置，或是有姦情的人變成有感情的人，沒有感情的人就離開這個關係。當然也有三角關係繼續維持下去的可能。

四、誰來決定結果

我曾經看過一些兩性相關的書，說三角關係所有的關鍵都在男人身上，男人造成的問題就應該由男人來解決，很理直氣壯。但這種說法其實只講了一半，因為世上有以男人為主的三角關係，也有女人為主的三角關係啊。我覺得比較好的說法是，誰造成的問題就由誰來解決。

但是，就算不是你造成的問題，其實你也可以離開這個關係，就是「我不跟你玩了可以吧」。如果你是所謂的大老婆這位置的，你也可以說，你們兩個相愛ＯＫ啊，我就讓給你們嘛，讓你們兩個高興，我走！該給我的錢別忘了！

至於所謂的小三，當然也可以選擇離開，好比「我這輩子最恨人家當小三，那既然知道自己是小三了，我就不要這段關係」，也是有人這樣做啊！或者老公也可以離開，怎樣都對不起另外兩個人，就不要跟他們在一起，自己孤家寡人一個。這也是一種選擇。但我們的社會多半期待、希望大老婆看開一點，要不然是只怪罪小三，卻很少對於關係中的「老公」出現夠大的譴責。在一個三角關係當中，其實每個人都可以做決定，如果你萬一卡在一個三角關係裡，不要只想著依賴別人先做決定，你再來享受或接受這決定之後，好或是不好的後果。

可惜在我看過或聽過的案例中，大多都是別人來決定，大家都會撇開責任，跟對方說：「你說啊，你要怎麼辦？」很少人會反過來思考：「我要怎麼辦？我要自己先做出決定，再來告訴你們，我要離開或是留下。」

五、做出決定的依據

也有很多人會希望別人來評評理，但感情的理要怎麼評？做決定是出於道德責任，還是感情責任？大家覺得好像該有社會責任或道德責任，那情感責任是什麼？你對誰有情，是不是要對誰負責？還是對誰都有情，所以不必對誰負責任呢？

在三角關係裡，在自己的位置上，誰都可以做決定，真的。你可以決定，要玩你就玩下去，玩不起你就離開。我覺得這是一個很多人都沒有好好想過的角度，三角關係的發生或許很難說清楚，**最後可以怎麼結束，卻是每個人都能決定的。**

人生與愛情，都是自己決定

在新聞上，我們三不五時會看見哪個企業家或明星有大房二房到好幾房，或是某人娶了好幾個太太，生了很多小孩然後一大家子和樂融融……等等類似這樣的事。在道德上，我們當然覺得是不可行的，在法律上也只承認一個太太（配偶）的存在——雖然只要另外一個人不提告的話，也不會有重婚的問題——但是在人生中，世界充滿了各種可能性。

這一章雖然談論的是外遇、小三，不過我不是要教你怎麼處理另一半外遇跟小三這種技巧問題，也無法提供什麼防堵劈腿或穩固感情的訣竅，這些都不是我能回答的。我只能告訴你，萬一將來你遇到了這樣的情況，無論你是變心的那一個或是被傷心的那一個，無論你在哪一個位置，都可以決定要不要玩下去，還是退出。你可以拖著不解決，也可以選擇繼續跟其他多少人共處、睜一隻眼閉一隻眼，或是成全他們、果斷離開，讓人生重新開始，這些通通都有前例可循。你隨時都擁有主動權，而不要當被動、等別人做決定的那一個，因為**你的人生，自己要負責任**。

06 Self

自我

「美貌固然難於永保，名譽亦何嘗容易保全。
世界多的是輕薄男子，豈可不寸步留神？」

——珍・奧斯汀／《傲慢與偏見》

愛，是一個關於「你」的故事

先前《美女與野獸》的段落中提到很多人會對愛情有種莫名期待，期待被救贖，尤其是女人期待一個男人來拯救她、帶她離開原本的困境，卻忘了自己其實是有力量的。一九八〇年代，一位美國作家柯莉特·陶琳（Colette Dowling）就寫過一本暢銷書《灰姑娘情結》（The Cinderella Complex），書中將女性這種想自立卻害怕自立，或認為只要忍耐下去就會有好男人出現拯救自己的心理，命名為「灰姑娘情結」。

女性被男性拯救的劇情在童話故事中屢見不鮮，即使是現代所編寫的電影或戲劇橋段，也依然安排男主角在緊急時刻登場拯救女主角，因此有的父母會不想讓小孩觀賞傳統童話改編的動畫，因為不認同某些劇情傳達的價值觀——等著被拯救、為了愛放棄自己的某個能力——也不希望小孩幻想自己成為公主。

不過，不讓小孩看這些動畫或童話故事，小孩就不會幻想自己是個公主嗎？倒也不一定。其實不需要設定或阻止下一代能看與不能看什麼，因為影視作品或任何思想的影響不會只是單面的。就像兒童時期的你可能真的相信有聖誕老人，但長大了也就漸漸知道沒有，而不會說：「啊！大人騙我！我去自殺好了～～你們這些無情的大人！」

我覺得與其不讓小孩看，不如大家一起看，一起討論。因為真的不是你看到什麼戲劇或情節就會變成什麼，不然女性主義者怎麼出現？女性主義者成長的時代也都是這種電影啊。重點在於我們該如何解讀《仙履奇緣》、《白雪公主》這樣的故事？為什麼期待在愛情中被拯救？還有珍．奧斯汀的《傲慢與偏見》中的愛情，只有傲慢跟偏見嗎？

最獨特的你——《仙履奇緣》

這裡提到的「灰姑娘」是以迪士尼二〇一五年的電影《仙履奇緣》（Cinderella）為例。少女艾拉（Ella Cinderella）自從父親突然離世後，遭到繼母與繼姊們的欺負，從主人變成家中僕人，也因身上總是髒兮兮的，被取笑為「灰姑娘」。

故事中，艾拉母親的遺言「勇敢與仁慈」貫穿了各個情節轉折，因此艾拉並不像《美女與野獸》的貝兒，那樣強調知性。相較之下，《仙履奇緣》沒有要你去讀書、去追求更多知識，而是強調內心要美要善良，艾拉的善良純粹是一種更傳統的道德價值。

如果說貝兒是具備知識幫助自己解決難關，灰姑娘基本上是靠著「善良」，好比因為愛護動物，對大地、對其他生物的愛，所以後來動物也會回報她。她的善良也表現在父親問她從遠方要帶什麼禮物回來時，她只要樹枝，表示她關心的是爸爸而不是禮物。但也是因為艾拉的善良（卻無勇敢），所以父親過世、家道中落之後，才會從一個千金小姐掉下來變成繼母的奴僕。

優勢與弱勢的愛情測試

變成僕人的艾拉在森林裡巧遇王子，王子雖然對她一見傾心，卻也沒有告訴她自己是王子。這種「我不告訴你我是誰」的噱頭也常常出現在各種影劇設定中，起初可能是基於隱私或不想改變彼此關係，但也可能是一種隱藏的測試——想知道你愛的是我，還是我的身分頭銜？

很多電影都愛玩這老梗，一個人隱瞞或假冒一個比自己原本更低的身分，測試對方是否愛自己？但你為什麼不能一開始就誠實地來往？雖然這樣是出於擔心別人愛的只是他的身分而不是真正的自己，但再怎麼說，這也是一個不誠實的開始。

對於比較具有社會優勢（或者感情優勢）的人來說，好像常常會假定一件事：

他當初愛的是我，將來愛的還是這個「我」，只要我們的感情穩固。但你以為他現在不知道你的身分，以後知道了就不會怎麼樣？就算對方還是愛你，可未來還是會有別的變因加進來，所以你能保證對方一定不會改變嗎？

愛情故事總認為愛得夠深、了解得夠多，事情就不會改變。我認為這種對人性的考驗與猜測，其實是非常危險的。在《仙履奇緣》的故事背景中，灰姑娘如果嫁給王子以後，身分地位都會上升很多，社會流動就往上，能夠擁有的權力也會增加。這種考驗相當於一個優勢者對於弱勢者的測試，就像電影《電子情書》（You've Got Mail）中，湯姆．漢克斯飾演的男主角不告訴女主角自己是誰，女主角就不知道他是跟她通信的那個人，於是在這過程中把她耍得團團轉——雖然在電影中，他們都是善意的。但這種「他知道是怎麼一回事，只有你不知道怎麼一回事」的關係，很不對等。

這就像你裝成一個窮鬼，對方一開始愛上的是窮困的你，結果最後發現你是個大少爺或怎樣的，那對方是不是不應該繼續愛了？因為他愛的是窮困的那個你，而不是有錢的你。他愛的根本不是真正的你。對他來說，當然也可以質疑你是不是真的愛他？

所以愛情能不能經歷金錢、權勢與社會的考驗？我覺得愛情不需要這樣。不可抗拒的災難是人力所不能控制的，是無法與無奈，但戲劇中的很多考驗都是人力的操弄。在愛情裡，誰願意自己與真心被操弄？

有時，一個人可能覺得：我沒有刻意要騙他啊，我只是沒有主動講。那溝通是什麼？也沒有平等，一方是個全知全能的人，另一方是個半知半能的，「你講什麼我就信什麼，要我怎樣就怎樣」，始終是不對等的關係。

其實你不是沒有力量

而灰姑娘艾拉，這是一個無助的女子，最後靠著嫁給王子來擺脫原生家庭與困境。但她跟王子建立了什麼關係，或者說他們兩個具備怎樣的情感基礎？看不到。童話故事中的愛情常常跳過「經營」，只有相識沒有磨合，或許是節奏和篇幅的需求，但跳過中間的愛情故事卻常常被認為很浪漫，我想這是值得點出來的事。

這種情節也像我們之前談過的《羅密歐與茱麗葉》，因為故事重點都在於「對抗」，就去對抗外敵啊、就逃離原來的家庭啊，所以不必花時間去注意主角間的感情基礎，灰姑娘是這樣，白雪公主其實也是一樣。

所以《美女與野獸》相對來說是比較回歸感情本身，去掉外援的、家庭的干擾，專心處理兩個人的戀愛過程。至於灰姑娘的原始情節是受迫於家庭成員的虐待，然後因為受到神仙教母的幫助，在舞會上跟王子跳了一支舞，王子就愛上她，好像感情不需要經營，只要靠著魔法或外力幫助，關係就會建立。

西方童話中的「外力」通常是神仙教母，在東方的愛情故事中，比如唐朝小說《定婚店》或是前面提過的《牡丹亭》也是有神仙相助，而這神仙通常都是月老。

比如在《定婚店》的情節中，男主角韋固一直想成親但姻緣不順，遇上一個老頭子跟他洩漏天機，告訴他未來的妻子在哪裡、年紀多大、何時會嫁給他，並說注定是夫妻的人腳上都會綁了紅繩子，也就是我們現在去拜月老時很愛求的紅線。

中國愛情故事常常出現這種「姻緣天注定」的論點，以及「有情人終成眷屬」，這與西方愛情童話中最常見的結尾「從今以後，他們永遠幸福快樂」意思差不多。但這也形成愛情中的迷思，讓我們認為緣分是注定的，所以感情不順、爛桃花太多或沒有桃花就去拜月老，然後得到的應該都是月老保佑的姻緣——如果是這樣，怨偶是哪裡來的？難道怨偶都沒有去求神拜佛保佑過嗎？天下有情人終成眷屬的話，大家也不必費心祈求，因為彼此不是「有情人」才需要去求嘛，靠外力幫助鞏固感情。當一件事不順利的時候，我們並不相信，**自己有力量可以拯救自己**。

也因此在灰姑娘的故事中，她只能依靠純粹的善良，於是她能做的事就很有限，需要其他人的拯救。有些女權主義者對於灰姑娘是抱持另一種看法，認為不能忽視灰姑娘的努力而落入傳統觀點，只看見她被幫助的地方，沒看見她其實努力地度過繼母與繼姊的虐待，在家庭中生存下來，她是個倖存者（survivor）。而她想要達成的事情，也還是去爭取了，比如想要去舞會，就用許願的方式達成。

這也是一種欣賞故事的觀點，只不過我們也可以想想：灰姑娘達成的目標是她自己努力得來的嗎？她最終的致勝關鍵並非自己的努力，而是外力幫助，只是這外力不是她爸不是她媽或閨密什麼的，而是神仙。她始終不是依靠自己的付出與努力。也因此才產生所謂的「灰姑娘情結」，或者類似心理學上的「習得無助」（Learned helplessness），好像覺得自己越弱一點，就會有強的人來幫你救你。

裝與不裝的策略問題

很多女生在成長過程中被教導：不要太強，一定要有女生的樣子，一定要很ㄋㄞ才會有男人出來（當強者），不要讓男人覺得他都無用武之地啊……之類的論點。我常覺得灰姑娘的故事是策略性地展現自己的弱點，是《老子》中的「將欲取之，必固與之」，即使很強也裝得自己很弱。這被當成一種戀愛的手段，但也表示你把愛情看成一場戰爭，所以要假裝、要取勝，那要等到哪一天才要把真實的自己露出來？之後呢？

有時候，這也是男人的面子問題。有的太太會在外人面前表現以老公為主，可實際上兩人相處的時候她是強勢的。所以很多家庭看起來爸爸在外面很威風，媽媽很給爸爸面子，但在家裡，其實爸爸沒有權力——爸爸沒有而媽媽有權力，這是很常見的情境。在很多喜宴場合上，還是有很多長輩會這樣勉勵新人啊，也有些人把這當成夫妻婚姻相處之道，把「給男人面子」當作維持一段關係的手法，但這還符合現代價值嗎？

要說面子，大家的面子都很重要啊，不是只有男人的面子而已。過去的男人會想掌控一切，如果女性表現得太強，就會讓男人覺得自己無用武之地，不知道如何「駕馭」跟自己差不多平等的女性。他不是要在情感中找到一個平等相處的對象，而是一個可以駕馭、乖一點的女人，免得在男人圈裡被講：「唉呦，連太太都『管』不住！」

用「管」來面對兩人關係，在過去或許可行，但現代真的不用這樣，男人要學到：你其實不需要「駕馭」誰，只要平等相處就好。我還是強調對等、真實，不必裝啦！

認識獨一無二的自己

因此當你知識充足，會知道過去看的東西不一定是恰當的，於是有所追求的時候，你要怎麼樣立定自己的想法？如何不靠外力，或者說如何找到對的外力、解決問題？才是最重要的。

就像灰姑娘、白雪公主或貝兒，每個人的條件都不一樣。灰姑娘的條件是她沒有知識，但靠自己的努力活下來；然後她有個目標想達成，但是努力有限制的時候，如何找到可以幫忙的人？這與「不認為自己有能力，只期待被魔法或某一個人拯救」是不一樣的，也是我們在看《仙履奇緣》時可以擁有的一種觀點。

不過這個故事裡最有趣的地方是灰姑娘最後被確認身分，也就是最獨特的地方，是她的腳。不是她的顏值、身高或什麼纖細優美的手，或許這裡有個可能的意義：**每個人都擁有一個自己不知道，別人卻很重視的部分**。

那雙玻璃鞋象徵王子心中獨一無二的對象，象徵我們都想在愛人的心中是獨一無二的，是 the one 而且是 the only one。只是大部分的人在成長過程中缺少尋找自我的經歷，也不知道怎麼去尋找自己。大部分的我們沒有真正地認識過自己，或是只尋找好的那部分自己，而忽略了自己的獨特性。

或許這也是灰姑娘的故事中最獨特的部分——**每個人都應該去尋找自己的那一雙玻璃鞋，那是你可以跟所有人不一樣的部分，有你最好的東西，也有最不好的東西，但那就是獨特的你**。所以不要小看自己，不要放過那些好像不起眼的各種獨特性，可能都是對別人很重要，能夠從千百個人當中辨識你的東西。

天生高貴的公主病——《白雪公主》

白雪公主跟灰姑娘不一樣，灰姑娘在故事中是個平民（頂多曾是富有的千金小姐），完全沒有地位與身分讓人幻想。但白雪公主是天生高貴，要不是繼母使壞，她就是個徹頭徹尾的公主，不需要最後被王子吻醒。

但白雪公主跟灰姑娘也一樣，都不是靠著自己的力量，是靠別人幫忙。灰姑娘有神仙教母，白雪公主有七個小矮人。因此也可以說《白雪公主》（Snow White）更強化外在的幫助，畢竟你是公主欸，大家都應該來幫你。灰姑娘情結是把自己放在弱者的位置，白雪公主則是天生高貴，假定自己應該這樣那樣，於是公主病患者特別容易被這種故事吸引。

只是《白雪公主》這故事的劇情也沒什麼好講的，而且因為白雪是個公主，因此後來的情節也不是太壞，吃了個蘋果之後一直在等待，最後靠著王子給了一個很大的救贖。

因此嚴格來說，無論是《白雪公主》還是《仙履奇緣》，只能算是勵志故事，不是愛情故事。因為它們都不像《美女與野獸》看得見男女主角的感情發展。在故事的意義上，白雪公主跟灰姑娘是階級地位的對比，白雪是一個上層階級落難之後如何再回來的故事，而灰姑娘是如何突破社會階級，成為上層階級的故事，也象徵透過愛情得到階級流動、改變狀況。

但這兩個故事都沒有著墨於她們跟王子的感情，而是碰到王子後一切都解決了。在故事裡，男人的功用還是當個救世主，而女性就是等著被救贖。很像有些男人認為只要自己養得起女人、滿足對方的需求，好比每個月給她一萬塊零用錢，就是所謂的愛情；而有些女人也認為對方只要滿足我的需求、能養我就好。他們都認為自己在愛情中的責任，就是經濟上的給予及其他需求的滿足。

於是比起灰姑娘或《美女與野獸》的貝兒，《白雪公主》能帶給我們的愛情觀點更少，尤其故事誕生在普遍女性意識比較低落的時候，白雪公主雖然也有在故事中努力生存，但那份努力並未帶她走到終點，最終還是需要王子出現。這是一個公主落難，後來開始學習怎麼幫助別人、照顧別人，但最後還是又回到公主身分的故事。公主依舊是公主。

把《白雪公主》跟《仙履奇緣》這樣的故事當成浪漫想像的人，很可能只是期待愛情發生，但根本忘了愛情是需要經營的，也沒有平等對待、共同奮鬥的磨合過程。所以《白雪公主》跟《仙履奇緣》可以看成是女性的奮鬥史——如何讓自己成功地嫁給一個好老公，可是這個老公到底幹什麼的？不知道也不重要，因為這是片面的女性故事。

但在現代的浪漫愛情幻想中，「老公」到底幹什麼的就很重要了，而且是一定要知道，才能評估對方是否是個好老公；嫁到好老公或嫁得好，就等於一個女人的幸福指標。人類無論如何演化，依然有人把嫁入豪門、娶到有錢老婆當成目標。但嫁入豪門是一件好事嗎？有幾個人能成的？女明星可能有機會，也有女明星離婚結婚是越嫁越好，但其他人有嗎？

在這個時代，你已經不需要像甄嬛一樣，只能靠著肚皮在後宮裡爭寵，**你擁有千百種方式能在這個世界上立足，千萬不要把人生沒那麼重要的事情看成眼前最重要的事。**

微型政治與權力遊戲——《傲慢與偏見》

我們在前面看了很多男性作者創作的故事，還有以男性為中心的兩性關係價值觀，到了最後一定要談談一個由女性創作、風靡全世界兩百年的愛情經典，十八世紀末的英國小說家珍・奧斯汀（Jane Austen）最著名的《傲慢與偏見》（Pride and Prejudice）。

故事一開始就說了一句：「凡是有財產的單身漢，必定需要娶位太太，這已經成了一條舉世公認的真理。」①（It is a truth universally acknowledged, that a single man in possession of a good fortune, must be in want of a wife.）這句話是從有錢男人的立場來看，但反過來想，故事中提到最多的也是這句話的另一面：每個女人都想

①本章譯文引用自《傲慢與偏見》，珍・奧斯汀（Jane Austen）著，王科一譯，1955年。

嫁個有錢的男人。

以前的女性經濟不自主，必須要依靠男性角色（父親或丈夫），就像宮廷戲裡的後宮女子只能靠著爭奪皇上、生皇子以得到寵愛或地位。而女主角班奈特一家（Bennet）是住在鄉下的仕紳家庭，雖然有五個小孩但都是沒有繼承權的女兒，因此母親班奈特夫人強烈希望女兒們不只能嫁出去，還要都嫁得好。

《傲慢與偏見》的故事距離我們大概兩百多年了，對於經濟高下的要求自然很明確。就算書名沒有強調「經濟」，但其實這個故事的主軸之一，就是愛情與麵包的問題。

經濟與愛情的正確位置

《傲慢與偏見》中的「傲慢」，顯然指的是男主角達西先生（Fitzwilliam Darcy），不僅年收入高，也是彭伯里莊園的主人。他的傲慢可以單純地從經濟條件來看，也能從經濟條件所衍生出的生活方式來看。前面一項比較偏重馬克思主義的立場，就是只注重經濟；後面的則是韋伯的立場，除了經濟還要看文化，所以它帶來的不只是經濟，還包括文化、生活方式的問題。

所以當達西因為好友賓利先生的關係來到班奈特一家所在的鄉下，看到這裡的舞會模式是比較鄉下的，生活方式也跟達西先生那種有錢的都會生活完全不同，讓他覺得格格不入，也讓人覺得他態度傲慢，但他的傲慢並不是毫無道理。

而女主角伊莉莎白（Elizabeth Bennet）似乎代表「偏見」。她與母親或妹妹們不同，不喜歡只是因為經濟因素而跟一個人在一起，也不喜歡過於看重經濟條件，所以她對達西有偏見。

但伊莉莎白這種對有錢人的偏見，或是說「沒錢的人就不會對其產生偏見」，本身也是一種對金錢的重要性的偏見。還有對金錢的態度也是，有一種對財富與有錢人的態度是「我根本不在乎」，這也是一種偏見。其實金錢應該在適當的位置上去看待，夠用就好，而不是「欸我希望要嫁個有錢人」或者「我根本不在乎錢」兩個極端。

只是在故事裡，班奈特夫人也希望女兒們能嫁個有錢的老公，所以做媽媽的完全了解江湖上誰家比誰家有錢，以及誰是最有錢的。當牧師的柯林斯先生也是，他的婚姻也是在強調財產，而且是能繼承班奈特家的財產。因此對於故事中的男女雙方來說，其實在所謂的婚姻市場上，基本上還是以錢作為衡量標準，於是像伊莉莎白這樣不重視金錢的女人，在幾個角色中也就顯得相當特別。

其實達西先生也是一樣，他也希望能找到一個情投意合的女性，而非考慮對方的家世背景。只是要找到這樣的人對達西而言相對容易，因為他是有錢的一方，可是對伊莉莎白來說就非常不容易，因為她不夠有錢，又是個女性。但這個目標讓小說展現了突破時空的價值，看見依然存在於當今社會的東西——經濟問題有了改變，但想要尋找到情投意合的對象，還是一個人類永恆的追求。

愛情的對照組

《傲慢與偏見》其實寫出了幾種不同的愛情或婚姻類型，特別是班奈特家的幾個女兒。最乖巧端莊的大女兒珍最終如願地嫁給自己喜歡、經濟條件也不錯的賓利先生。某種程度上，珍與賓利是對當時社會或者對班奈特夫人來講，都是最完美的結合，只有賓利先生的姊妹們反對。而這一對是不是《傲慢與偏見》當中最理想的愛情？

第二個是伊莉莎白和達西，也就是《傲慢與偏見》的主題。相較於珍和賓利對彼此第一印象都很好，很快地墜入愛河並心意相通，伊莉莎白和達西的第一次見面就是相互留下不好的印象，不管是誰傲慢或是誰偏見或者都有，兩人是從誤會開始，慢慢地經過相處，化解了誤會，然後看到彼此的心意。他們的感情強調的是彼此互相磨合，走到最後心意相通，而不是建立於經濟因素——雖然在磨合的過程中，其實只有達西一直幫伊莉莎白，伊莉莎白沒有幫助他任何事。但顯然達西也經得起一直幫助她。

還有伊莉莎白其實也不是完全不在乎金錢。在一九九五年BBC影集版本中，出現了伊莉莎白第一次看到達西的莊園時，「哇喔」了一聲，讓所有觀眾也跟著她「哇喔～」了一下。那個宏偉的莊園對她而言顯然是很大的衝擊，她不希望自己是個拜金女，但是看到達西的莊園當下，一定也知道自己心中其實還是有些虛榮的東西存在。

第三個是伊莉莎白的好朋友夏洛蒂跟柯林斯先生，這是沒有愛情的對照組，也是為了經濟原因而結婚的一對。

還有一個是班奈特家的三女兒瑪莉，喜歡看書跟彈琴，在家裡（及故事裡）幾乎是最不被重視的一個小孩，故事的最後也沒有安排任何一個男人跟她建立任何關係。最後則是班奈特家的小女兒莉蒂亞，浪漫熱情又衝動，被熱戀沖昏頭就跟韋克翰私奔，也很快地結婚，但婚後馬上又出問題。這種浪漫少女的衝動愛情卻以情傷收場的橋段，也出現在珍．奧斯汀的另一本小說《理性與感性》中。

若以「自我」的關係來看，伊莉莎白或許是珍．奧斯汀理想的樣子，但她實際的處境卻比較接近瑪莉，而最小的妹妹莉迪亞可能是一種幻想的處境。但總而言之，珍．奧斯汀是將不同階段或面向希望展現的狀況，透過一個故事在不同的姊妹身上展現出來。

愛情是關於「超越」的故事

《傲慢與偏見》作為愛情故事中的經典，至今仍被不同的方式來詮釋，現在很多韓劇或陸劇依然遵循它所創造的模式：霸道總裁與女祕書，男在高位、多金，女的則處於經濟低位，故事主題就圍繞在性別、經濟導致的障礙與障礙的超越。所以愛情基本上還是一個「超越」的故事，超越了你的經濟狀況、超越了你的年齡、超越了你的階級、超越了你的什麼……所以，愛情故事迷人的地方，可能就在於這種超越性。

但回到現實世界來看，有時候愛情與麵包很好選擇，因為你有超越的條件。那要是沒有條件的時候呢？也有幾個可以思考的面向：你現在欠缺的是什麼？開玩笑地說，在要吃飯的時候，麵包顯然是比愛情重要。可是吃飽了以後呢？似乎愛情又比麵包來得重要，或者有人就吃起點心了嘛。其實一個問題的內裡有很多面向可以思考，但大部分的人只會從一個面向去想。

對於麵包與愛情，你可以考慮**當下的需要**以及**長遠的需求**。有人認為從長遠來講，當然是麵包比較重要，沒有麵包，愛情怎麼辦？古文有句話就是這麼說的：「貧賤夫妻百事哀。」每個人都會舉這句做例子。確實有這種可能啊，但世上也有其他可能，我認為不要做單向思考，而是以兩個問題自問：一是剛剛講的**「你需要什麼」**，這很重要；二是**什麼可以賺得到，什麼是賺不到的？**

麵包代表經濟的話，那你真的拚命賺錢也是賺得到的，對不對？但愛情，歷來的太多經驗告訴我們，你對一個人好還不一定有回報，愛情是賺不到的。經濟可以，愛情不可以，所以哪個比較可貴？

很多人都相信金錢之可貴，當然沒錢的時候，金錢是可貴的沒錯，但這樣去思考愛情與麵包的問題，沒有太大的意義。我在教「愛情社會學」的時候常常遇到這個問題，我說當然愛情很重要，我是教愛情社會學，不教麵包社會學啊！沒有愛情的時候很慘，沒有麵包的時候也很慘，但我們的抉擇通常是發生在兩個都可能有的時候，你要什麼？如果愛情、友誼、真心可以賺得到，得憂鬱症的有錢人恐怕就不會那麼多了。

愛情不是輸贏的計較

美國哲學家厄文．辛格（Irving Singer）在二〇〇九年寫了一套書，叫《愛的本質》（The Nature of Love），總共三冊。他在講述愛的概念時，用了非常特別的兩個概念，叫 Appraisal 跟 Bestowal，我把它翻成「鑑價」跟「饋贈」，因為辛格舉的例子是買房子，Appraisal 是鑑別這間房子的價錢。他說對人、對事物，我們都會先鑑定或者預估它大概有什麼價錢。Bestowal 則是你付出的價值，或者說你認為這個價值值得付出。

但我覺得這兩個概念都不是很好，就像經濟學上也有一個原則，叫做「最小付出原則」（Principle of least effort），指的是人們總是想要用最少的付出獲得最大的利益。很多人喜歡把這樣的觀念延伸到愛情裡，像是「誰先告白誰就輸了」，我個人很不贊成這樣啦。愛情不是誰先怎樣就是輸或贏，而是你願意付出、不計較。

達西第一次跟伊莉莎白求婚的時候是被她拒絕的，雖然他也覺得相當受傷，但還是繼續對她好，並沒有因此就覺得「既然妳這樣，不接受我的愛情，那我就不理妳了」。他沒有，後來才會感動了伊莉莎白。如果在愛情中能找到一個人不計一切地對我們好，這便是愛情讓人渴望的地方。

只是，有時候我們希望對別人好，對方卻不回饋；我付出很多，對方卻沒有相應的反應，就會出現一個問題：一直付出的人，尤其是男生，很容易被當成或認定是「工具人」。有人問過我，說自己變成了工具人該怎麼辦？你只求付出不求回報就不會有「你是工具人」這種想法了；因為你求回報，才會覺得自己是工具人。喔，我都幫你買什麼東西，你都不怎樣怎樣……你已經在計較了啊！工具人是因為「工具」跟目的有關，「工具」是有針對性的，不是普遍性的。如果你是純然想對別人好，就沒有這個煩惱了啊！

但不計較、純然地付出，到底要付出到什麼時候？如果對方真的就是不喜歡你，已經跟你講了，你也認知到了，也許這就是不需要再付出的時候。因為你為別人好卻變成別人的困擾時，你了解到這一點就應該停止嘛，不然就是不當的追求，一直誤以為或一直有個幻想，希望可以「感動」對方。

很多愛情故事或電影裡都有類似情節，連古代都有「烈女怕纏郎」這種話，但這是一種很嚴重的迷思。這個迷思包括曖昧，或者是一般人表達曖昧性的方式。好比社會有種「反」的「文化」告訴你：「不」其實是要，說「不」只是一種測驗，想知道你到底有多真心。但有人說「不」真的就是「不」啊！

東方文化中的曖昧性很強，尤其在愛情方面，而且很多人都很享受愛情中的曖昧。然而就像我常常講的，曖昧有什麼好處？曖昧只是讓你覺得好像有，又好像沒有，說起來很像痴呆症的廣告：你出門了以後才忽然想到，爐子關了沒？感覺好像有又好像沒有……曖昧，其實是這樣一個很虛幻的東西。

在愛情中，不求回報與對方需不需要是有關係的，如果不需要，就不要造成別人的困擾，該停止的時候就應該要停止。清楚表達自己的想法也很重要，不是人家對你好就一定要照單全收。雙方要有某種程度的自制，反過來說，如果你真的對對方沒有感情，就不要把對方當作工具人看待。難道立場調換的時候，你希望自己在別人眼中也是一個工具人嗎？

彼此觀察、共同決定

我們再回到《傲慢與偏見》。其實這個故事滿不對稱的，達西單方面地做了很多事情，不想讓伊莉莎白知道。伊莉莎白知道了，很感動，但她為他做了什麼？兩人在付出方面是不平等的。傲慢與偏見其實都是一種極端，最終是愛情讓他們回到了平衡共處。

但這也讓很多人對愛情產生一種幻想：男人要對女人做很多，然後集滿點數，ＯＫ，可以跟他出去約會了。同時也讓有些人疑惑：到底要做多少才能打動對方？卻沒有一種互相的概念：我們彼此觀察得差不多了，可以一起決定下一步。

很多女生是覺得自己像公主，等著王子出現來救我就好，不會想說：欸，這是民主時代，根本沒有王子公主。你如果覺得對方不錯，可以自己表達，約去見面吃飯、互相了解。我鼓勵的是這樣互相了解，看看彼此能發展到什麼地步。在這個時代，你們可能是合適的戀人，也可能是異性的好朋友。

以前，一個男生要追一個女生，一定是以結婚為前提，不可能浪費時間在那邊「交朋友」。但現代，我覺得男男女女都有可能保持不同距離的關係。人跟人之間的距離與關係也是我們可以主動維持的。

達西跟伊莉莎白的關係也突顯了溝通的重要。他們其實彼此有好感，但一直沒有適時地表達好感，而一方表達好感時，另一方又不在同一個頻道上，就這樣錯頻直到故事最後。因此這也是個關於溝通的故事，怎樣才是有效的溝通？溝通中如果有太多的偏見與傲慢，就是不平等的溝通。雖然故事中的兩人終究走在一起，但《傲慢與偏見》畢竟是一個故事，在現實生活裡，很多人是因為傲慢與偏見而失去了愛情或機會。

愛是一種微型政治

大部分的人進入一段愛情，都希望能跟另一個人無拘無束地相處，但有些人一旦進入關係，反而變得不自由、不放鬆。我也常聽到學生說：「老師，有些事情我都不敢跟我男友講。」為什麼？「我怕他會生氣。」這是愛情中很弔詭的地方。你得到的已經不是當初在進入這個關係時，你幻想在這個關係裡可以坦白地溝通，以及這個關係能提供的東西。

為什麼真的進入一段關係之後反而怕他生氣，稍微看他臉色不對就選擇退讓，幾次下來，退讓好像成了習慣，逐漸變成你們的相處模式？因為愛情中具有一種「微型政治」（Micro-politics）。

一般人認為「政治」只是在講國家大事的權力關係，但如果我們特別強調「做決定」這件事的話，日常生活上，其實從大事到小事並牽涉到別人的，常常都需要「決定」，這就產生權力關係，這就是一種微型政治。「今天要吃什麼」、「誰要睡哪一邊」、「電視看哪一臺」……你也可以自己看自己的，就買兩臺電視嘛！如果只有一臺電視呢？就是誰掌握遙控器的政治問題。

我們好像不覺得日常生活的這些決定是政治，覺得只有投票才是政治——投票也是一種決定嘛，你決定要投哪一個候選人，那是我們比較熟悉的「政治」，但不知道我們跟別人在一起做任何決定的時候，也是政治。在《傲慢與偏見》中，伊莉莎白與達西之間有很多的動態磨合，這中間就表現了「微型政治」。

比如達西跟伊莉莎白求婚。求婚對達西來講已經是很大的讓步，但是對伊莉莎白來說，這算什麼？你對韋克翰先生那麼差勁！她並不知道自己收到的是韋克翰先生給的錯誤訊息，也沒有主動查證。還有當時達西求婚的方式，給她一種在施捨的錯覺，沒有把自己與她放在同等的位置，之間還有兩人權力高低的糾葛。

求婚的人與被求婚的人之間，被求婚的人權力是高於求婚的。可是一旦被求婚的人答應之後，權力又會回到之前的平衡狀態。所以為什麼西方人求婚要單膝跪下來？代表要求你、比你低。從姿態上，站著的人跟跪著的人就顯示出權力關係的不同。所以等到求婚成功，你就站起來了啊！

對於被求婚的人來講（通常是女方），她的位置是沒變化的，但是對求婚的來講，求婚成功之後，他的位置就產生很大的變化。如果用物理學來比喻，這就叫從位能到動能。

因此十九世紀時，德國社會學家齊美爾（Georg Simmel）才會說，女人一生中權力最大的時候，就是男人跟她求婚的時候。在你還沒答應時，男人就會被懸著，那時你的權力最大，你要說好或不好，你是主宰這件事的人。而達西求婚的時候也一樣，他曾經求過誰？他為什麼要求這個鄉下女子？也只有求婚階段才需要求人，這也是為什麼伊莉莎白不答應時，達西會如此生氣，因為除了伊莉莎白對自己的誤會之外，他的權力也喪失了，他沒有回到他期待的位置上。

所以我一直強調平等對待，因為**愛情不是要講誰的權力高低**。很多婚禮上，主婚人會在致詞的時候說：「結婚以後啊，家裡就分成大事跟小事，大事由先生來管，小事由太太管，家裡的大小事由太太來決定。」然後大家就哈哈哈～這在婚禮上常聽到的嘛！但這不就是權力嗎？

如果愛情中的政治運作不平等或沒有動態磨合，達到平衡，很容易就形成「進入關係了你卻怕得罪他，然後他好像也不願意改」的狀態，或是「這次我讓你，下次你要好好想一下，不能得寸進尺」這樣。大部分人就是進入了一段關係之後，大概馬上就把關係的性質定了，忽略了關係是動態，而且還會產生變化。

愛情裡，誰掌握權力？

愛情既然是微型政治，政治事關「決定」，誰是在一段關係中真正做最後決定的人，誰是最後說 yes 的人，就是權力比較大的人。

如果今天女友問你：「晚上想吃什麼？」你說了自己想吃的餐廳，最後女友決定還是回家煮飯，你也摸摸鼻子接受了，這種情況下誰是做決定的人？很多人會以為是女友，其實還是你掌握權力，因為你可以說「我不要」。如果女朋友有做決定的話，就不會有前面那一段了，就是「今晚回家吃飯齁」，不讓你有討論的餘地。

所以權力是這樣的，是沒有商量餘地的。老師說：「今天的功課下禮拜要交。」哪有商量餘地。「今天的功課下禮拜要交，好嗎？」這就有商量的餘地，你就把權力丟出去了，讓對方來決定。

愛情也是一種人際關係，在人際關係裡面，所謂的微型政治就展現在這些大大小小、日常生活中沒特別注意的地方。有人是以退為進，像情緒勒索那種，也是在確認、測試誰有權力。你講完了他不做，也是展現你權力的一種方式；你講了他有做，也表示你有權力；你講了，他說他不能做也是一種權力。唯一一種沒有展現權力的，是你講了他根本沒在聽，這是完全地沒有權力。

但掌握權力不一定是好事，因為愛情中的另一方可能沒有被尊重的感覺。所以愛情雖然是一場權力遊戲，但你要知道什麼時候要放，什麼時候要收，什麼時候要互相尊重，這是微型政治與動態平衡。

不要把大男人主義當成是「愛護」女友，什麼事情都你決定，你都覺得你要替她著想，她不會想，但她不是小孩！然後女生也覺得自己柔順一點，可以滿足男人的這種權力慾望，所以裝得很柔順，結果等到結婚才露出真性情。與其到時候才發現，不如現在就真誠相待。

真的不要花時間在那邊勾心鬥角，也不該有輸贏的邏輯，誰賺了誰賠了、誰有權力誰沒有、誰給誰面子……人能活多久不知道，為什麼要花時間去角力而不花時間享受——如果，最終是要在一起的話。要是知道兩個人將來會分手，就把握現在的每一分每一刻啊，到了要分手的時候就分手，反正你也有很好的回憶嘛！如果想到未來會分手，現在就不在一起，那就是什麼都沒有。

對幸福的想像

從灰姑娘、白雪公主到伊莉莎白，我們討論的女主角看起來是不同類型，但她們的愛情故事結局卻驚人地一致：找到一個美好、優秀的伴侶，得到愛情，從此幸福快樂。這彷彿決定了人類一定要有愛情，一定要找到一個伴侶，就像影劇新聞很愛聚焦藝人的婚姻狀況，尤其女明星的幸福就是跟婚姻綁在一起，她的幸福等於「嫁得好」，而且還要有個可愛的小孩；如果沒有，大概就不夠幸福。

文化與社會的影響讓我們覺得，一個人要擁有愛情、兩個人要在一起才是幸福的圖像，但我常常覺得，我們對幸福的想像應該擴大啊！兩個人願意在一起，那當然是幸福，但兩個人不在一起，不代表不幸福。

幸福不僅是兩個人的事情，更是主觀的事情。有時候一對夫妻看起來很幸福，但可能先生覺得幸福，太太卻未必。幸福跟愛情是不一樣的，愛情需要兩個人；有時候，你一個人自在也很幸福啊！

有些人看別人是一個人獨身，就會說：「啊，你一個人很孤苦，這樣有一天會不會老死在家裡？」尤其是女性特別容易遇到，大部分的女人大概都聽過：到這個年紀還不結婚，將來怎麼辦？老了沒人養。結了婚沒小孩，又會被說：沒小孩，那將來怎麼辦？老了沒人養。社會不斷加諸種種恐懼、脆弱感在女人身上，讓女人在各種階段都得面對各種恐嚇，暗示你一定要靠別人。

但什麼叫老死？有一天每個人一定會老死的啊，可能老死在屋裡，也可能老死在街頭。老死是一定的，在哪裡是不一定的，那幹嘛擔心這種一定會來的事情？人終將一死，難道現在就開始自殺嗎？

以前的女性難以經濟獨立也缺乏教育，需要靠別人，包括愛情、婚姻，都是要女人「靠男人」，你只要被拯救、等待就好。所以女人常常被說不用太能幹太聰明，最好會裝笨，不然男人隨時可以離開你，因為你一個人也可以活得很好，而他不被需要。這是一種生存策略，但現代女性已經可以不需要依靠任何人。某種程度上，獨身也是一種不依靠別人的展現，況且未來還有更多的可能，就像家庭或婚姻制度就算不至於毀滅，但形式與名詞所代表的意涵，都已經在改變。

我一再地說，感情需要平等對待、共同奮鬥，從來不教人家裝什麼。我覺得**你是什麼樣的人，就會有另外一個人會欣賞這樣的你，你要找的是那種人，而不是裝成另外一個模樣**。你想選擇怎樣活著的姿態、愛情的模式都可以，只要是正向的、不傷害別人的，都可以，不需要遵守社會或文化的標準。現在的你可以相信的事情非常多，可以做的事情也非常多。

《傲慢與偏見》描繪了幾種不同類型的女性，包括沒有結婚的瑪莉。珍．奧斯汀自己一生也沒結婚，後來有些影劇會想像或探討她為何獨身，比如《珍愛來臨》（Becoming Jane）。但說真的，**幸福不是找到伴侶，幸福應該是找到你自己**。而愛情，最終是一個關於「你」的故事。

【結語】

最好的故事，就是你的愛情

我在台大開「愛情歷史社會學」這門課的時候，第一個作業是要學生蒐集有關愛情的故事，然後在課堂上分享。我指定這個作業不是要他們蒐集一堆愛情經典故事回來念給大家聽而已，是希望蒐集故事的人注意到自己大概對什麼樣的愛情故事有興趣？為什麼被吸引？或者自己的朋友喜歡哪一種愛情故事，而什麼樣的人會被什麼樣的故事吸引？

學生們蒐集來的故事，大半也跟這本書裡收錄的故事重疊。透過了解這些愛情故事的來龍去脈，我們可以篤定地說，即使時代更迭、細節略有不同，但從古至今、從西方到東方，人類對於愛情的煩惱卻從來沒有改變。

以前我看布袋戲的時候，有句話叫「真仙難救無命客」，我把它翻成國語，意思是有些人你就算是仙人也救不了他呀！我不相信這個，但我知道怎麼樣讓你明白自己是個能動的人，是個具有主動性的人，幸福就握在你手裡，你就不要放棄。我只是告訴你這麼一個簡單的道理：所有問題都有解決方法，不要被問題打倒。愛情很難，但在故事裡，有一些愛可以克服困難，love conquers all，真的，這不是一件假事。

我們都喜歡故事，有的故事會告訴你什麼叫成功。唐朝有個故事《李娃傳》，說的是一個長安名妓李娃與書生相戀，之後歷經波折，書生淪為乞丐被李娃所救，細心照顧之後幫助他考中科舉，最後當官，兩人也結為夫婦，李娃更被封為汧國夫人。

這個故事就展現了「成功」：比如為什麼要努力讀書？希望你將來能夠靠著學業的成就轉換成你在事業上的成就，比如你在感情上的成就是嫁、娶一個比你好的人，或者能夠提攜你的人，達成社會階級的提升。你的價值展現在你的伴侶是哪一種人物，你念哪一個學校，做怎樣的工作。也因為這樣的前提，所以社會假定要是你台大畢業但跑去賣雞排，就算開了分店，那都是浪費國家資源。

成功在我們的社會中是有個標準的，但那個標準不是你在社會上活得自由自在，找到自己，活出你想要的樣子。永遠不是這個標準。賺大錢是一個標準，做大官也是個標準，所以要恭喜人家升官發財，所謂成功人士都是這樣的故事。至於道德高尚嗎？不知道，可是當他成功以後，他就說：我來寫一本談修養的書、談教養的書，就可以開始教訓全世界的人，因為他是成功人士，社會相信成功人士講的話。

這個社會對於「成功」的定義全部是一個外在標準，沒有內在標準。因此在成長過程中，沒有人鼓勵你去發現自己；你發現不了自己的，因為你發現的都是別人要求的你。你要念哪一個科系、將來要找什麼樣的工作、跟什麼樣的人在一起、擁有什麼樣的愛情關係？大半都是要符合社會價值，不是因為你自己真的喜歡，也不是因為你真的有那個能力。

如果你把世俗的成功當成人生標準，恐怕只會茫然不知所措，在愛情中更是如此。因此在這些愛情故事中，我一直很關注劇情在哪裡發生轉折？產生怎樣的波折？解決的方法是什麼（或者沒有解決）？主角沒有做到的，你可以做到，你可以尋找更多的可能、更好的辦法，你可以想想在同樣情況下，「你」會做什麼樣的選擇？這對故事本身沒有幫助，可是對你的人生會有幫助；讓你的愛情故事能夠不一樣，這是非常重要的。

後來有學生問：「老師，每個愛情故事都被你嫌棄到不行，那你最喜歡的故事在哪裡？」

我最喜歡的故事是你的故事，因為你有學到而故事中的他們沒學到，因為將要發生、仍在發生，所以充滿了希望。潘朵拉的盒子最後留下什麼？正是「希望」。

國家圖書館出版品預行編目資料

學著，遇見愛：台大超人氣課程精華第三堂，16 個愛情經典故事，16 種對愛的選擇與解答／孫中興著
– 初版 . -- 臺北市：三采文化，2019.5
面： 公分 . --
ISBN：978-957-658-157-1（平裝）
1. 兩性關係 2. 心理勵志 3. 社科

544.37 108005390

©封面圖片提供：Xenya/Shutterstock.com

suncolor 三采文化集團

愛寫 30

學著，遇見愛

台大超人氣課程精華第三堂，16 個愛情經典故事，16 種對愛的選擇與解答

作者｜ 孫中興
責任編輯｜ 戴傳欣
美術主編｜ 藍秀婷　封面設計｜ 池婉珊　文字編輯｜ 吳孟芳
內頁排版｜ 陳佩君　校對｜ 黃薇霓

發行人｜ 張輝明　總編輯｜ 曾雅青　發行所｜ 三采文化股份有限公司
地址｜ 台北市內湖區瑞光路 513 巷 33 號 8 樓
傳訊｜ TEL:8797-1234　FAX:8797-1688　網址｜ www.suncolor.com.tw
郵政劃撥｜ 帳號：14319060　戶名：三采文化股份有限公司
本版發行｜ 2019 年 5 月 29 日　定價｜ NT$360

THE PRINCE AND

THE PRINCESS

LIVE HAPPILY EVER AFTER.

THE PRINCE AND

THE PRINCESS

LIVE HAPPILY EVER AFTER.